Como se Relacionar com um Aquariano

Mary English

Como se Relacionar com um Aquariano

Orientações da Vida Real para Relacionar-se Bem
e Ser Amigo do Penúltimo Signo do Zodíaco

Tradução:
MARCELLO BORGES

Editora Pensamento
SÃO PAULO

Título original: *How to Bond with an Aquarius.*

Copyright do texto © 2010 Mary L. English.

Publicado originalmente no RU por O-Books, uma divisão da John Hunt Publishing Ltd., The Bothy, Deershot Lodge, Park Lane, Ropley, Hants, SO24 0BE, UK.

Publicado mediante acordo com O-Books.

Copyright da edição brasileira © 2013 Editora Pensamento-Cultrix Ltda.

Texto de acordo com as novas regras ortográficas da língua portuguesa.

1ª edição 2013.

Todos os direitos reservados. Nenhuma parte deste livro pode ser reproduzida ou usada de qualquer forma ou por qualquer meio, eletrônico ou mecânico, inclusive fotocópias, gravações ou sistema de armazenamento em banco de dados, sem permissão por escrito, exceto nos casos de trechos curtos citados em resenhas críticas ou artigos de revista.

A Editora Pensamento não se responsabiliza por eventuais mudanças ocorridas nos endereços convencionais ou eletrônicos citados neste livro.

Editor: Adilson Silva Ramachandra
Editora de texto: Denise de C. Rocha Delela
Coordenação editorial: Roseli de S. Ferraz
Produção editorial: Indiara Faria Kayo
Assistente de produção editorial: Estela A. Minas
Editoração eletrônica: Join Bureau
Revisão: Vivian Miwa Matsushita e Indiara Faria Kayo

CIP-Brasil Catalogação na Publicação
Sindicato Nacional dos Editores de Livros, RJ

E48c

English, Mary

    Como se relacionar com um aquariano: orientações da vida real para relacionar-se bem e ser amigo do penúltimo signo do zodíaco / Mary English; tradução Marcelo Borges. – 1. ed. – São Paulo: Pensamento, 2013.

    Tradução de : How to Bond with an Aquarius
    ISBN 978-85-315-1845-4

    1. Astrologia esotérica. I. Título.

13-0724   CDD-133.5
                                             CDU: 133.52

Direitos de tradução para a língua portuguesa adquiridos com exclusividade pela
EDITORA PENSAMENTO-CULTRIX LTDA., que se reserva a
propriedade literária desta tradução.
Rua Dr. Mário Vicente, 368 – 04270-000 – São Paulo – SP
Fone: (11) 2066-9000 – Fax: (11) 2066-9008
http://www.editorapensamento.com.br
E-mail: atendimento@editorapensamento.com.br
Foi feito o depósito legal.

Dedicatória

Este livro é dedicado à minha tia
Barbara Heloise Elizabeth Gibbings
27 de janeiro de 1917 – 11 de dezembro de 2008

Uma autêntica aquariana

≋ *Sumário* ≋

Agradecimentos 9

Introdução 11

1 O signo 19
2 Como montar um mapa astral 48
3 O ascendente 54
4 A lua 62
5 As casas 75
6 Os problemas 84
7 As soluções 91
8 Táticas de relacionamento 100

Notas 137

Informações adicionais 139

Sumário

≋ *Agradecimentos* ≋

Gostaria de agradecer às seguintes pessoas:
Minha mãe aquariana, Jean English, que ficou entusiasmada
com o fato de eu estar escrevendo outro livro.
Minhas irmãs aquarianas, Lucy e Emily, por fazerem
parte de minha família.
Minha ex-sogra aquariana, Maggie, por ser tão amigável.
Meu filho, por ser o libriano que sempre me
faz olhar o outro lado.
Meu marido taurino, Jonathan, por ser o homem
mais maravilhoso do mundo.
Mabel, Jessica e Usha, por sua ajuda homeopática
e sua compreensão.
Laura e Mandy, por sua amizade.
Donna Cunningham, por sua ajuda e seus conselhos.
Frank Clifford e Donna Taylor, por seu tempo e incentivo.
Alois Treindl, por fundar o maravilhoso site Astro.com.
Todos no Bach Centre, por manterem Vivas as Essências.
John, meu editor, por ser a pessoa que teve fé
em mim, e toda a equipe da O-Books, inclusive Stuart,
Trevor, Kate, Catherine, Maria, Mary e Carolyn, que o

editaram tão amavelmente. Marina, Fynn Willis e
Patricia Jeffery, por seus bem-vindos olhares de revisão.
E finalmente, mas não menos importante, meus
adoráveis clientes, por suas valiosas contribuições.

≋ Introdução ≋

*[...] não há portão, fechadura ou tranca que possa
se impor à liberdade de minha mente."*
– Virginia Woolf.[1]

A astrologia assumiu muitas formas ao longo dos anos. Desde seu princípio na Babilônia, até seu apogeu na era medieval, ela continua conosco e ainda influencia nossos pensamentos e decisões.

Originalmente, era usada para se compreender o clima e auxiliar no plantio da lavoura segundo a estação e o ciclo lunar. Agora, ela evoluiu e se tornou uma forma de análise psicológica.

As descrições de caráter da astrologia constituem-se no "mais antigo modelo psicológico, sendo até hoje a mais conhecida forma de análise da personalidade".[2]

Não vou ficar defendendo a astrologia. Não preciso. Milhões de pessoas leem todos os dias suas previsões por uma série de motivos diferentes. Algumas leem suas previsões por curiosidade, algumas leem suas previsões em busca de orientação quando se sentem para baixo, algumas leem suas previsões em busca de inspiração quando as coisas estão calmas, algumas leem suas previsões para confirmar decisões quando as coisas estão indo bem e outras por motivos religiosos (em alguns círculos, elas substituíram Deus). Algumas pessoas leem as previsões dos amigos para provocá-los (*"bem, o que você podia esperar, ele/ela é de Sagitário/Leão/Capricórnio!"*) e outras pessoas fazem uma leitura rápida delas apenas por diversão.

Sou uma astróloga que atende clientes profissionalmente e escrevo uma coluna para uma revista de pais e filhos. Em alguns aspectos, escrever uma coluna astrológica presta um desserviço à Astrologia, pois ela é um sistema de pensamento que usa filosofia, psicologia e a compreensão da natureza humana a fim de nos dar um plano de apoio para a contemplação da existência. Quando a Astrologia é reduzida a algumas linhas para cada signo, é como se a estivéssemos vulgarizando ou reduzindo-a à sua menor faceta.

Ninguém nasce astrólogo; isso vem com anos de prática e a maioria das pessoas se sente atraída pelo assunto, nos primeiros estágios, identificando-se com esses perfis de signos solares. Você lê que o pisciano é sensível e sensitivo ou que o escorpiano é profundo e intenso e esse conceito repercute em você. Você lê tudo o que pode sobre o signo e, depois, quando descobre os diferentes aspectos de sua psique, as coisas parecem se encaixar em seus lugares. Bem, para mim foi assim.

Somos todos diferentes, e, para mim, a Astrologia confirma essas diferenças, define essas variedades, não de forma linear, mas de uma maneira criativa, prolixa, às vezes aparentemente incomum, mas as define.

♒ Introdução ♒

Como há 12 signos no Zodíaco, 12 signos nos quais o Ascendente pode estar e 12 signos nos quais os dez planetas, da Lua até Plutão, podem estar, existe espaço suficiente para identificarmos essas diferenças. *Planeta: Um corpo celeste que gira em torno do Sol. Estrela: Com exceção da Lua e dos planetas, todo ponto fixo de luz no céu é uma estrela, inclusive o Sol. No entanto, na Astrologia usamos a expressão "planeta" para todos os corpos que vemos. Se você me flagrar chamando o Sol de planeta, significa que estou me referindo ao termo astrológico, e não àquele empregado na astronomia.*

Como meu primeiro livro, *Como Sobreviver a um Pisciano*, esta obra foi escrita para ajudar os leitores a superar problemas com outras pessoas que eles encontram em sua vida. Depois da publicação do livro sobre o signo de Peixes, perguntaram-me se eu ia escrever sobre os outros signos, e respondi que "Sim". Eu precisei ir de trás para a frente pelo Zodíaco porque comecei pelo lado errado. Por isso, se você é de Áries, vai ter de ser paciente para eu chegar até você!

Não são muitas as pessoas que tiveram uma experiência negativa com um aquariano; bem, não tantas quantas tiveram com um pisciano, e por isso este livro foi escrito para ajudá-lo a compreender as *diferenças* entre os aquarianos e aquilo que os *liga* e os *une*. E como amizades e relacionamentos são tão importantes para um aquariano, vou explicar o porquê e como extrair o melhor de quaisquer aquarianos que você venha a conhecer.

Tenho duas irmãs aquarianas, mãe aquariana, uma tia aquariana (que, infelizmente, faleceu enquanto eu escrevia este livro) e uma ex-sogra aquariana, e por isso posso dizer com segurança que sei uma ou duas coisas sobre essa espécie! Mas sou a primeira a admitir que não sei tudo. E como poderia?

Como este livro vai explicar, são 12 os signos em que sua Lua poderia estar, 12 os signos em que seu Ascendente poderia estar, e, se você levar em consideração os dez planetas que usamos na Astrologia, são muitas as combinações diferentes que o mapa dessas pessoas pode mostrar... mas deixe-me começar da maneira mais fácil.

Vou lhe mostrar como você pode descobrir os três elementos principais do mapa, ajudando-o a compreender os aquarianos que você conhece e a aprender como se relacionar com eles.

Espero que este livro lhe ensine uma ou duas coisas sobre como ser amigo de um aquariano e o que um relacionamento significa para ele.

Os aquarianos não estão interessados em ser mães (deixe isso com os cancerianos), mas vão querer ser irmão/irmã/amigo/mãe de suas ideias.

Quer salvar tigres na África? Ou libertar alguns seres escravizados numa pequena aldeia? Fale a um aquariano de suas ideias e ele o seguirá até os confins da Terra – pois um aquariano é motivado por ideias. Quanto mais esquisitas, melhor.

A seguir, temos Suzanne, uma jovem mãe dizendo como seu cérebro funciona:

"Meu cérebro funciona de um modo diferente, não é como o da maioria das pessoas – vejo um ângulo alternativo, que nem sempre cai bem, mas pelo menos a vida nunca é entediante".

Então – como manter um aquariano ao seu lado?

Antes de qualquer coisa, eles precisam de muito espaço. Não os limite com restrições ou regras. No entanto, você não consegue afetar a mente de um aquariano. Posso dizer com segurança que a mente aquariana (média) é tão exclusiva deles, que não há aborrecimento ou importunação que faça com que

≈≈ Introdução ≈≈

eles se afastem de sua crença básica – a de que todos os homens, todas as mulheres e todas as crianças têm o direito de expressar livremente suas ideias.

Mas os aquarianos precisam de amigos. Não é a mesma amizade que procuram os leoninos, o signo que lhes é oposto. A amizade de Leão busca agradecimentos, elogios e a garantia de que ele é uma boa pessoa.

A amizade aquariana é o desejo de fazer parte de alguma coisa, mas também de estar separado dela. Sei que isso pode parecer despropositado, mas é um fato. O aquariano deseja pensar (não sentir, isso é uma característica dos signos de Água) que faz parte de alguma coisa grande, mas única dentro dela.

Para dar um exemplo: minha mãe é católica. Ela se converteu quando estava no Serviço Territorial Auxiliar,* pouco antes da Segunda Guerra Mundial. Perguntei-lhe a razão e ela me disse que as pessoas com quem ela tinha amizade possuíam "alguma coisa": uma confiança, uma camaradagem que ela não tinha. Unindo-se a esse grupo, ela sentiu – desculpe, *pensou* – que fazia parte de algo "maior" (religião), mas podia ser única em sua forma de expressá-la.

No caso dela, o Sol está na nona casa, a casa da espiritualidade, e, por isso, o fato de estar conectada com o vasto mundo da religião ser algo importante para ela fazia todo sentido.

Por outro lado, minha tia (irmã dela), que também se converteu, fez isso (segundo minha mãe) por causa das contas do rosário e dos detalhes da religião. Seu Sol estava na terceira casa, a Lua em Peixes e o Ascendente em Escorpião: isso lhe dava uma postura muito mais *emocional* com relação às coisas.

---

* Ramo feminino do exército inglês. (N. do T.)

As duas tornaram-se católicas, mas só (creio eu) como uma forma de rebeldia por não aceitarem a posição de meu avô, que era ateu convicto.

Para um relato mais completo sobre a história da Astrologia, veja meu primeiro livro, *Como Sobreviver a um Pisciano* ou a exposição detalhada de Nick Campion sobre o início da Astrologia em seus dois livros: *The Dawn of Astrology* e *The Golden Age of Astrology*.

Sabemos muito bem que aquilo que os babilônios viam como planetas viajando pelas constelações do céu agora é o céu dividido em 12 partes iguais, e cada seção é um signo do Zodíaco, sendo Áries a primeira parte.

Tem alguma semelhança com a Tabela Periódica. Suas linhas e níveis diferentes não existem de fato, sendo apenas um modo de registrar os pesos atômicos de cada elemento da natureza. É uma obra em andamento. A Astrologia é a mesma coisa. Ela não é finita e estamos sempre descobrindo coisas novas. Os movimentos dos planetas pelos signos do Zodíaco são registrados numa publicação denominada Efemérides.

É aí que entra a matemática, motivo pelo qual o cálculo de um horóscopo ou de um mapa natal é muito mais fácil hoje em dia. Os computadores aceleraram a capacidade de se calcular e refinar as informações.

Entretanto, como são dez os planetas que precisamos levar em conta num mapa, fazer um registro preciso de seu potencial pode ser assustador para um principiante, e por isso, quer para os propósitos deste livro, quer em nome da simplicidade, vamos nos concentrar aqui em seus três elementos mais importantes: a "casa" onde o Sol está, o signo em que a Lua está e aquilo que chamamos de Signo Ascendente ou em ascensão, com base no horário do nascimento.

A Astrologia que eu pratico e da qual estou falando só se aplica ao moderno mundo ocidental. Ela não se aplicaria, por assim dizer, a uma aldeia em Gâmbia ou num lugar onde não se fazem registros dos nascimentos. Você só pode fazer um mapa natal e descrever o caráter de uma pessoa no Ocidente se tiver os dados corretos de nascimento dessa pessoa: data, horário e local. A filha de minha prima mora em Gâmbia e se casou duas vezes com moradores de lá – e nenhum deles tinha a menor ideia do dia e ano em teria nascido. Meu modo de interpretar a Astrologia não poderia ajudá-los, nem ser-lhes útil. Seus costumes locais são mais relevantes.

Agora, vamos aprender mais sobre o signo com o qual nos relacionaremos.

– Mary L. English
Bath, 2010

Capítulo 1

∿ O signo ∿

*"Adoro-os... eles são excêntricos! Dei para minha melhor
amiga aquariana um par de meias desemparelhadas como
presente de aniversário! Para mim, eles têm carisma."*
– Uma pisciana

*"É um dos signos que me intriga de verdade e que nunca
entendi direito. Percebi que é muito difícil chegar a
conhecer realmente os aquarianos. A primeira coisa
que me vem à mente é 'incomuns'."*
– Uma virginiana

O Signo de Aquário

A Astrologia é o estudo dos planetas, mas não no sentido astronômico. Vemos os planetas e registramos suas posições do ponto de vista da Terra, e dividimos o céu em 12 partes, e uma dessas partes é designada como o signo de Aquário. Não existe um planeta chamado Aquário, e não existe uma estrela com esse nome, nem mesmo nos baseamos na constelação com esse nome. É por isso que os astrônomos ficam irritados, pois acham que os astrólogos baseiam seus cálculos num conjunto de estrelas no céu. Não é assim. Baseamos nossos cálculos nos equinócios. Áries é o começo do ano astrológico e Libra marca o fim do verão.*

Logo, quem, ou o que, é Aquário? Para chamarmos alguém de aquariano, essa pessoa precisa ter nascido entre um certo conjunto de datas nas quais o Sol estava no signo de Aquário. Essas datas são de 21 de janeiro a 19 de fevereiro. Contudo, isso depende do ano em que a pessoa nasceu e de seu local de nascimento.

As datas que usamos podem variar de ano para ano, algo que confunde muita gente. Trate de usar um programa para computador confiável ou um bom serviço *on-line* para se assegurar de que a pessoa com quem você está se relacionando é, de fato, do signo de Aquário... pois se você descobrir, depois de uma investigação mais rigorosa, que o aquariano é, na verdade, um capricorniano ou mesmo um pisciano, você estará trabalhando com a informação incorreta, e todos os conselhos que estou lhe dando estarão errados.

Com base no que foi dito anteriormente, vamos presumir, a título de simplificação, que você definitivamente tem um aquariano em sua vida. Que qualidades torna-os o que eles são?

A melhor definição que encontrei é a de Felix Lyle em *The Instant Astrologer* [3] e inclui as seguintes palavras-chave:

sociável, comunicativo, altruísta, progressista, independente, racional, desapegado, excêntrico, dogmático, errático e irritadiço.

---

* As referências às estações dizem respeito ao Hemisfério Norte. (N. do T.)

≈ O signo ≈

Aqui, temos as diversas qualidades desse signo, indo da melhor para a pior. Quais as qualidades do seu aquariano? Suponho que se o seu aquariano for seu filho primogênito, as virtudes serão alardeadas aos quatros ventos, mas se o seu aquariano for a sua ex-esposa ou seu chefe? Talvez algumas das qualidades mais negativas venham à mente e o deixem maluco.

O que a Astrologia tem de mais bonito é que aceitamos todos os pontos positivos e negativos dos signos, e não teria fundamento dizer que um signo é "melhor" do que outro. Os signos são apenas símbolos ou sinais que nos ajudam a nos compreendermos melhor.

Sei que se eu conhecer um aquariano com a Lua em Leão ou Ascendente em Leão, ele vai se sentir melhor e mais compreendido por mim se eu levar em conta o fato de que ele gosta de ser elogiado. E mostrar gratidão também será muito bom.

Descobri que, se compreendemos a *gestalt* de alguém, coisa que a Astrologia nos permite fazer, fica muito mais fácil estar na companhia dessa pessoa.

Nunca peço a opinião de um geminiano sobre algum assunto, a menos que esteja preparada para ouvi-lo. Eu nunca esperaria que um aquariano aproveitasse um seminário que ensinasse a encontrar a alma gêmea, cheio de abraços, toques e sentimentos, no qual todos precisassem entrar em contato com suas emoções mais profundas, encenando-as para o grupo... Não, eles ficariam muito mais felizes acompanhando-me numa visita ao sul de Londres para conhecer uma sócia da Lesbian Vegan Society [Sociedade Lésbica Vegana] que acaba de expor na biblioteca local sua primeira obra de arte transgênero intitulada *Contra Todas as Probabilidades*... O que me leva diretamente à questão da sexualidade.

Todas as aquarianas são gay? Ou enrustidas? Devo dizer que conheço mais lésbicas e gays de Aquário do que de qualquer outro signo, mas pode ser porque os aquarianos não se incomodam com o fato de serem gays, enquanto outros signos preferem manter segredo a respeito.

Mas não se preocupe se você é uma aquariana heterossexual, você também está no livro!

Uma coisa é certa: os aquarianos são sempre descritos como diferentes, estranhos ou originais, dependendo de que lado você está. Por quê? Bem, é por causa de Urano, seu planeta regente.

Todos os signos do Zodíaco receberam um planeta que cuida deles, e nós os chamamos de "regentes". O Sol rege Leão, a Lua rege Câncer e assim por diante...

Bem, hoje o regente de Aquário é um planeta chamado Urano. Originalmente, ele era regido por Saturno, mas os astrólogos precisaram repensar a questão quando Urano foi descoberto. Ele deu cabo do sistema anterior, com 12 signos e 7 regentes.

Urano

Adoro Urano. É meu planeta predileto. O que é engraçado: levando-se em consideração que sou pisciana, eu deveria gostar mesmo é de Netuno, mas percebi que um excesso de Netuno não nos deixa sair da cama, e gosto de ir de lá para cá na minha motoneta de 50 cilindradas...

A descoberta de Urano resume a energia do planeta e o reflexo de sua expressão sobre a humanidade ocidental.

♒ O signo ♒

Moro em Bath, no interior do oeste do Reino Unido. Mudei--me para cá pouco depois do meu divórcio (amigável). Visitei o Herschel Museum of Astronomy de Bath, que é o local de descoberta de Urano. Para mim, foi como visitar um desses lugares sagrados que a gente encontra em Portugal ou na França. É quase uma experiência religiosa ver todos os pequenos detalhes da vida de William Herschel, músico e astrônomo que morou em Bath na época georgiana, e de sua irmã Caroline. Você pode comprar um panfleto sobre William Herschel e observar seu equipamento de Astronomia e outras coisas pessoais que ficam expostos em vitrines. Contar a história tanto tempo depois do evento não lhe faz muita justiça, mas basta dizer que William Herschel foi um homem talentoso.

Ele nasceu em Hanover, na Alemanha, em 1738, um escorpiano (enérgico) com a Lua em Capricórnio (emocionalmente robusto), e começou a vida como oboísta dos Hanoverian Guards. Ao visitar a Inglaterra com os Guards, ele ficou tão impressionado com a vida do local que mudou-se para o Reino Unido. Depois de algum tempo, foi para Bath em 1780 e morou com sua dedicada irmã Caroline (Sol em Peixes, Lua em Câncer, ambos signos de empatia e emocionalmente sensíveis), e se estabeleceu como músico e professor de música.

Durante o dia, ele entretinha os vizinhos com recitais de suas próprias composições, tocando violoncelo, oboé e órgão. Mas à noite, ele ganhava vida e observava as estrelas.

Ele era o que se pode chamar educadamente de astrônomo "amador". Mesmo assim, Urano foi descoberto por ele (ou, como dizem alguns, por Caroline).

Lá estava William, um *nerd* da Astronomia, olhando o céu noturno com seu telescópio, acompanhando o caminho de um planeta em particular. Ele fez experimentos com lentes telescópicas e desenvolveu uma que lhe permitiu olhar mais longe e acompanhar os movimentos dos planetas de uma forma que ninguém fora capaz de fazer antes. Sem essa lente poderosa ele nunca teria sido capaz de ver o planeta.

Embora William fosse astrônomo amador, suas descobertas e suas realizações técnicas causaram grande impacto em sua época. Sua ambição era ampliar a visão telescópica no espaço, aumentando o tamanho dos próprios telescópios.

E apesar de ser lembrado pela descoberta de Urano, William também foi responsável por aumentar as dimensões da Via Láctea, pela descoberta dos satélites de Saturno e de outros planetas, pela rotação dos anéis de Saturno e pelo movimento das estrelas binárias. Graças a suas observações do Sol, acidentalmente William descobriu a existência da radiação infravermelha. Usando termômetros e prismas, realizou experimentos que levaram a uma série de trabalhos publicados em 1800 sobre a descoberta do comportamento independente do calor radiante e da luz visível.

Durante o período em que morou no número 19 da New King Street, em Bath, William fez experimentos com técnicas de corte e polimento de espelhos. Em 1789, ele terminou a construção daquele que era o maior telescópio do mundo na época, do tipo refletor, com 12 metros de comprimento e um imenso espelho de 120 centímetros que foi muito problemático para se moldar e polir.

Ele foi construído e usado no jardim da Observatory House, em Slough, Inglaterra, lugar onde ficou até ser destruído por uma tempestade em 1839.

O *Astrônomo e o Rei*

O rei George III era fascinado pela ciência, particularmente pela Astronomia. Ele se mantinha a par das mais recentes descobertas e patrocinava os principais astrônomos da época. Quando William Herschel descobriu Urano em 1781, sua fama se espalhou rapidamente e o rei ficou bastante impressionado. Isso levou a uma recomendação real e a uma bolsa de 200 libras por ano como pesquisador na sede real em Datchet, perto de Windsor, e depois em Slough.

Em troca, ele devia mostrar à Família Real e a seus convidados observações astronômicas interessantes. Mais tarde, o rei premiou Herschel com 4.000 libras para a construção do telescópio de 12 metros e concedeu uma renda anual de 50 libras para sua irmã Caroline.

O planeta Urano foi visto pela primeira vez no céu noturno em 1690 por John Flamsteed, mas ele pensou que fosse uma estrela. Flamsteed o catalogou e o chamou de "34 Tauri".

William Herschel o observou e compreendeu que ele *não era* uma estrela, chamando-o de "planeta Georgiano" em homenagem a seu patrono, o rei George III. Na época, outros chamaram o planeta de Herschel, para lembrar seu descobridor.

Deus Supremo dos Céus

Como muitas das descobertas planetárias anteriores receberam nomes de deuses da mitologia grega antiga, em 1850 a denominação Urano já era comumente usada.

Urano era o deus do céu. Foi o mais antigo deus supremo.

No mito olímpico da criação, Urano descia todas as noites para cobrir a Terra e se acasalar com Gaia, a deusa da Terra, mas odiava a prole que ela lhe deu e aprisionou os filhos mais jovens de Gaia no Tártaro – um lugar profundo, lúgubre, um poço ou abismo usado como masmorra de tormentos e sofrimentos, localizado no mundo inferior.

Para executar a vingança por ter aprisionado seus filhos, Gaia confeccionou um grande punhal de pedra e pediu a seus filhos para castrarem Urano. Só Cronos (Saturno) se dispôs à tarefa: ele emboscou o pai e o castrou, lançando as partes cortadas ao mar, dando origem à bela deusa Afrodite, que saiu das espumas do mar.

Do sangue que jorrou de Urano sobre a Terra nasceram os Gigantes e as vingativas Fúrias com cabelos de cobras. Depois da castração, o Céu não veio mais cobrir a Terra à noite, mantendo-se no alto.

A comunidade astrológica precisou fazer uma correlação entre a atividade de Urano e a população ocidental, e foi decidido, depois de muita argumentação e discussão, que Urano deveria "reger" o signo estelar de Aquário.

Tenho muita sorte por viver na cidade em que Urano foi descoberto, e tenho visitado muito as exposições no museu. Às vezes, sinto-me um pouco como uma espiã caminhando por ele, pois hoje a Astrologia está muito distante da Astronomia. Na verdade, nem dá para imaginar que elas já foram irmãs. Hoje, os caminhos da Astrologia e da Astronomia estão separados. A Astronomia tornou-se uma "ciência" e a Astrologia transformou-se numa espécie de sistema pagão de crença, aproximando-se talvez de suas raízes mais antigas. Isso não me incomoda. Podemos nos divertir muito sem sermos uma "ciência"...

Na Astronomia, Urano leva 84 anos para dar uma volta em torno do Sol. Sua órbita é estranha, e seu eixo se inclina

♒ O signo ♒

quase 98%. Na Astrologia, Urano leva 84 anos para percorrer o circuito do mapa natal, e por isso você terá de chegar a essa idade para ver o seu "Retorno de Urano".

As palavras-chave que empregamos para descrever Urano são: liberdade, individualidade, ideias e eventos súbitos. E ele é conhecido como "regente" de Aquário, o que considero uma escolha adequada. Como diz Howard Sasportas: "Urano marcou sua estreia com classe, coincidindo com três importantes revoluções sociais que também tinham a intenção de desestruturar a ordem estabelecida das coisas. As Revoluções Americana e Francesa, e o advento da Revolução Industrial".[4]

São muitos os aquarianos que praticam Astrologia. Quase tantos quanto piscianos. Os piscianos geralmente gostam da Astrologia porque ela lhes dá um *sentimento* de conexão, enquanto os aquarianos apreciam a *ideia* de conexão.

Lembre-se: a energia de Aquário é leve, cerebral, inconsistente e errática.

Agora, vou explicar os seis conceitos mais importantes para a motivação de um aquariano. São: amizade, individualidade, liberdade, diferenciação, unicidade e novas ideias.

Amizade

A melhor definição de uma palavra se encontra no dicionário e, de acordo com essa fonte de referência, "amigo" é a "pessoa com quem se desfruta de afeto e consideração recíproca, que é simpática e que ajuda, que não é um inimigo".

Os aquarianos têm dificuldade para viver sem amigos. É seu fator de motivação. Um amigo aquariano vai conhecê-lo e querer vivenciar coisas com você em função de seu signo lunar e de outros fatores do mapa. Na maior parte do tempo, eles se viram sozinhos. Diferentemente de outros signos, que precisam de parceiros para se sentir completos ou inteiros, como regra geral, os aquarianos conseguem viver felizes sozinhos. No entanto, privar um aquariano das amizades seria a pior de todas as formas de tortura.

E eles estão atentos a questões humanitárias: o planeta e a liberdade da população.

Carol é uma aquariana que trabalhou em uma universidade e agora mora no interior com seu marido e gatos de estimação. Ela trabalha na região com pessoas que têm dificuldade de aprendizado e descreve a razão pela qual faz isso:

"Ensino estudantes que têm sérias dificuldades de aprendizado e adoro fazer isso, é como a extensão de minhas fortes crenças em direitos humanos: há muito que sou membro ativo da Anistia Internacional".

Aqui, sua amizade se estende para ajudar as pessoas a se fortalecer. Isso não quer dizer necessariamente que os aquarianos querem liderar outras pessoas; é mais o caso de se inspirarem por seus ideais. Liderança é mais típico de Áries.

A necessidade de amizades pode começar cedo. A famosa musicista inglesa Jacqueline du Pré teve uma vida tumultuada na indústria da música clássica até sua morte prematura aos 42 anos, causada por esclerose múltipla. Antes da fama, e ainda criança, quando lhe perguntaram o que ela queria como presente de aniversário, Jacqueline du Pré, então com 10 anos, respondeu, "uma amiga".

♒ O signo ♒

A amizade é uma constante na vida da maioria das pessoas famosas que menciono neste livro.

O ator Paul Newman manteve uma amizade com o dramaturgo, romancista e biógrafo A. E. Hotchner, de 91 anos, por mais de 50 anos. Paul era aquariano com a Lua no suave signo de Peixes e Aaron é canceriano com a Lua no generoso signo de Sagitário. Juntos, fundaram a empresa Newman's Own, que produz alimentos (um trabalho bem canceriano) e começou com molhos para saladas que eles faziam em casa. Todos os lucros da empresa são destinados a boas causas, no autêntico estilo aquariano.

Paul disse: *"Meus lucros serão divididos entre diversas instituições de caridade e causas dedutíveis de impostos, algumas relacionadas a igrejas e outras para preservação ambiental, ecologia e coisas assim".* Eles iam pescar juntos com frequência e mantiveram contato durante toda a vida de Paul.

Após a morte o ator, a manchete do *New York Times* de setembro de 2008 dizia: "Newman Lembrado como um Bom Vizinho e Bom Amigo".

Também há extremos na amizade. Às vezes ela é meiga e leve, às vezes é sombria e sinistra. Mas para identificar os aquarianos e compreendê-los plenamente, você precisa perceber como a amizade é importante para eles.

Em janeiro de 2009, a socialite Paris Hilton foi a estrela de um *reality show* da TV chamado *British Best Friend* [Melhor Amigo Inglês], no qual os concorrentes disputavam o posto de melhor amigo de Paris Hilton. Tudo começou como um *show* nos Estados Unidos chamado *My New Best Friend Forever* [Meu Novo Melhor Amigo para Sempre]. Os concorrentes tinham de participar de tarefas e atividades estranhas como passar a noite toda numa festa, desenhar um vestido para Paris, visitar uma fazenda para ver se gostavam tanto de bichos quanto Paris e se apresentar num *show* de talentos. Numa entrevista, perguntaram a Paris o que os participantes faziam para impressioná-la no *show* e ela disse: "Gosto quando eles estão se divertindo e não quando estão desesperados como tigres famintos. Não gosto de ver as pessoas agindo como se estivessem famintas e estranhas". Assim, para ser amigo de Paris, esqueça-se de sentimentos e emoções!

Isso se encontra no extremo oposto do do que Abraham Lincoln, o 16º presidente dos Estados Unidos, dizia a respeito da amizade:

"Amigo é alguém que tem os mesmos inimigos que você", e "Não estarei destruindo meus inimigos fazendo amizade com eles?"

Muitos demonstram preocupação sobre para onde a amizade vai levá-los. Duas aquarianas famosas caíram na armadilha e revelaram mais do que deviam a pessoas interessadas.

Germaine Greer, jornalista e escritora acadêmica australiana, reclamou: *"Decidi que, de hoje em diante, não vou mais ler nenhum relato a meu respeito, elogioso ou não, e que nenhum amigo que me usou em proveito próprio vai continuar meu amigo".*

A atriz Charlotte Rampling contratou advogados para impedir a publicação de uma biografia escrita a seu respeito por uma "amiga íntima" que revelaria mais do que ela desejava sobre sua vida pessoal. O argumento é que o livro perturbaria seus filhos. Correu o boato de que não era uma amiga de fato, mas uma colega de trabalho cujo relacionamento azedou.

≈ O signo ≈

Gosto especialmente do comentário de Virginia Woolf: *"Perdi amigos, alguns por morte... outros pela pura incapacidade de atravessar a rua".*

É claro que, com a Internet e suas comunidades, a amizade pode ser instantânea e global. Mas sem acesso a amigos, clubes, sociedades, grupos ou comunidades *on-line*, os aquarianos desvanecem.

Carol, que mencionei anteriormente, tem a Lua em Gêmeos e comentou: *"Gosto de grupos, embora prefira entrar e sair deles".*

Os aquarianos gostam de pensar que são uma pequena engrenagem numa grande roda. Parte de alguma coisa. Unidos por um interesse, uma ideia ou uma convicção.

Eles podem, por exemplo, filiar-se ao National Trust.* Não por causa da história (esse departamento é capricorniano), mas porque a filiação faz com que sintam que pertencem a alguma coisa maior, e, se tiverem algum amigo que já é membro, melhor ainda.

Pais Verdes

Mãe de duas meninas, Melissa é apaixonada por assuntos ecológicos e por educação infantil natural. Frustrada diante da falta de revistas inspiradoras para pais nas prateleiras, ela criou uma publicação para pais de Brighton depois que sua segunda filha nasceu. A resposta dos leitores foi tão positiva que a revista tornou-se nacional em 2004 e internacional

---

* Organização conservacionista inglesa dedicada à preservação de parques, edifícios, monumentos e outros bens. (N. do T.)

em 2005. Quando dispõe de alguns momentos para relaxar, Melissa gosta de caminhar na mata, ler um livro, fazer yoga ou comemorar bons momentos com os amigos, apreciando pratos deliciosos e bons vinhos.

Isso descreve a editora/proprietária da *The Green Parent Magazine* e é um exemplo clássico de uma aquariana. Ela criou uma revista para unir outras mães preocupadas com o sofrimento do planeta. Melissa é aquariana e tem Ascendente em Capricórnio (séria e determinada), o Sol na segunda casa (coisas que valorizamos) e a Lua em Escorpião (que lhe dá foco e percepção).

Com seu marido pisciano, ela atingiu a meta de fazer novos amigos que pensam do mesmo modo que ela. Não é apenas uma frase da moda. É algo motivado pelo desejo autêntico de unir pessoas em torno de uma causa. Ela é a chefe e preserva sua liberdade, e a revista tem muitos leitores que a ajudam no elemento *amizade* de seu signo.

Para se relacionar com um aquariano, primeiro você precisa entender suas motivações. O que os faz seguir em frente, o sopro que os mantém vivos. Cada aquariano terá uma visão distinta da vida representada pelo Ascendente; uma casa diferente, a casa em que seu Sol está; e um modo diferente de lidar com as emoções, influenciado pelo signo da Lua. Mas por trás de tudo isso, existe uma *gestalt* imutável – o fato de serem membros da raça humana, esforçando-se por estar com pessoas que pensam como eles.

Podem ter muitos amigos, ou apenas um ou dois, mas precisam ter amigos; por isso, se você quer se relacionar e manter uma amizade com um aquariano, primeiro você vai precisar vestir o seu chapéu de "pessoa interessante".

Individualidade

Thomas Moore apresenta uma visão muito boa da individualidade em seu livro *Soul Mates*. Ele diz que você não pode ter individualidade sem um senso de comunidade. Ambas caminham juntas:

"Embora seja a alma o que nos permite manter conexões íntimas e assim criar uma comunidade – ou mesmo um conceito global e universal de vida compartilhada – ela também é responsável por nosso mais profundo senso de individualidade e unicidade. Essas duas – comunidade e individualidade – caminham juntas. A comunidade não será genuína se não consistir de indivíduos autênticos, e não é possível sermos indivíduos se não estivermos profundamente envolvidos com a comunidade".[5]

Por isso, pedi a alguns aquarianos que conheço que me dessem sua opinião sobre individualidade, e eis o que responderam:

Mulher, Ascendente em Libra, Sol na Quinta Casa, Lua em Aquário

Com o Ascendente em Libra, Karmini concentra-se em relacionamentos pessoais e justiça, e está num feliz segundo casamento. Ela mora numa cidade pequena e tem três filhos, e o caçula estuda em casa. Ela é artista e criadora e tem seu próprio estúdio, o que está em sintonia com seu Sol na quinta casa. Com a Lua também em Aquário, ela gosta de participar de vários grupos, inclusive um grupo de mulheres, e é tesoureira do grupo da escola local.

"Vital e excitante – pessoas com essa descrição me deixam muito interessada, gosto de conhecê-las; possivelmente eu teria alguma coisa em comum com elas. Gosto da ideia de que pessoas individualistas pensam por si mesmas, e eu as acharia interessantes."

Mulher, Ascendente em Escorpião, Sol na Terceira Casa, Lua em Libra

Suzanne também mora numa cidade pequena e ajuda a administrar uma escola de saúde complementar. Ela é casada e tem três filhos. Com o Ascendente em Escorpião, leva algum tempo até confiar nas pessoas, mas o Sol na terceira casa a ajuda a ter traquejo para conversar e se relacionar. Com a Lua em Libra, ela se apega muito aos relacionamentos, e se preocupa se o seu parceiro parece infeliz.

"A individualidade vem com facilidade e parece 'ser' aquariana. Não me importo em ser diferente, considero-me diferente, ou seja, um pouco fora do padrão, e certamente tenho vários amigos aquarianos e eles são os mais 'individualistas' dentre meus amigos. Meus amigos mais íntimos são muito individualistas e a maioria nasceu num período de seis semanas em torno do meu aniversário. Aparentemente, os aquarianos desfrutam da liberdade da viagem, tanto metafórica quanto literalmente."

Homem, Ascendente em Virgem, Sol na Sexta Casa, Lua em Câncer

Nkera deixou o mundo dos negócios e estudou massoterapia. Com Ascendente em Virgem, ele se interessa por saúde e cura, e com o Sol na sexta casa, isso se amplificou. A Lua em Câncer também destaca o cuidado com os outros.

O signo ♒

"Todos são individualistas... mas alguns são mais individualistas que os outros."

Mulher, Ascendente em Capricórnio, Sol na Segunda Casa, Lua em Escorpião

Melissa, da *Green Parent*, une-se aos demais em sua opinião sobre o que é a individualidade.

"A individualidade é realmente importante para mim, e sempre foi, desde que eu era jovem. Sempre prezei por minha individualidade e a expressei como adolescente usando roupas estranhas e personalizadas, e tingindo meus cabelos de cores malucas. Agora que tenho trinta e poucos anos, sinto-me muito satisfeita comigo mesma e sei que costumo parecer, sentir e pensar de um modo que difere das outras pessoas."

Assim, para se relacionar com pessoas do signo de Aquário, você vai precisar se assegurar de que não se deixa influenciar pelos outros e que é alguém com qualidades próprias.

Liberdade

Para um aquariano, a definição de liberdade é apresentada a seguir. Como são regidos pelo planeta Urano – que os astrólogos consideram como planeta da liberdade – seu senso de liberdade é "liberdade de ser diferente", de não ser igual aos demais. A liberdade também é definida como não lhe dizerem o que fazer. A julgar pela natureza humana, suponho que você diria que todos nós gostamos de nos sentir livres; por isso, o que faz com que os aquarianos se preocupem tanto com essa questão?

Pedi a algumas pessoas do signo de Aquário que definissem o que entendem por liberdade. Eis as respostas:

Mulher, Ascendente em Libra, Sol na Quinta Casa, Lua em Aquário

Eis Karmini, nossa artista e criadora novamente:

"A liberdade é uma necessidade em minha vida, algo que sempre pareço estar almejando e buscando. Posso me sentir muito frustrada e rebelde quando não tenho liberdade e opções em qualquer aspecto da minha vida. Acho que estou sempre alerta para evitar me envolver por burocracias, responsabilidades e expectativas alheias".

Mulher, Ascendente em Escorpião, Sol na Terceira Casa, Lua em Libra

Suzanne tem a seguinte opinião sobre a liberdade:

"A liberdade, para mim, combina com a amizade. Tenho montes de amigos periféricos, em todos os escalões da vida, mas apenas um punhado de amigos mais chegados. Não gosto de me sentir presa a pessoas carentes, sinto-me sufocada pelas amizades e literalmente feneço".

Homem, Ascendente em Virgem, Sol na Sexta Casa, Lua em Câncer

Agora, Nkera mostra o que a liberdade significa para ele:

"Sempre tentei ter a liberdade para fazer as coisas do meu modo e pensar da maneira que quero, e geralmente consigo fazer as duas coisas, para grande espanto das pessoas que me cercam".

Mulher, Ascendente em Capricórnio, Sol na Segunda Casa, Lua em Escorpião

Melissa passa a maior parte dos meses de verão numa típica tenda de nômades da Ásia Central montada em seu jardim, gerencia seus negócios junto com seu marido e educa suas filhas conscientizando-as para a importância da natureza.

"A liberdade é muito importante para mim. Lembro-me sempre da máxima, 'Se você ama uma pessoa, liberte-a'. Busco um grau elevado de liberdade em minha vida. Quero também que minhas filhas desfrutem da verdadeira liberdade na infância, sabendo que estabeleci limites e que estou guardando espaço para elas, para que se sintam seguras."

Libertação

Oprah Winfrey doou um milhão de dólares e ofereceu seu apoio para o National Underground Railroad Freedom Center [Centro Nacional de Libertação pela Estrada de Ferro Subterrânea], de Cincinnati, Ohio, um museu que educa os visitantes sobre a rede secreta de rotas de fuga conhecida como a "Estrada de Ferro Subterrânea", que libertava escravos do sul dos Estados Unidos. Esse é um exemplo clássico de algo que interessaria a um aquariano, que é o signo solar de Oprah.

Em primeiro lugar, o conceito de escravidão não combina com o aquariano. Em segundo, o fato de um grupo de pessoas ter conseguido libertar esses escravos trabalhando em conjunto certamente chama a atenção de um aquariano.

Diferenciação

Outro conceito-chave para o aquariano é "ser diferente". Voltando ao dicionário para buscar a definição de "diferente", vemos que significa "distinto, de outra natureza, forma ou qualidade, separado, singular e incomum". Novamente, pedi a opinião de alguns aquarianos.

Mulher, Ascendente em Escorpião, Sol na Terceira Casa, Lua em Libra

Suzanne, mais uma vez:

"Aparentemente, não vejo as coisas da mesma maneira que outras pessoas, e não me importo. O que as outras pessoas veem como um obstáculo, para mim é um desafio. Creio que todos são únicos, mas os aquarianos não se encaixam no molde, e nunca o fizeram – sempre estiveram num comprimento de onda levemente diferente (ou planeta, diriam alguns) e costumam interpretar as coisas de maneira diferente. Sei que isso pode ser desafiador para algumas pessoas. Eu e muitos de meus amigos aquarianos podemos parecer indiferentes, mas não é isso, é que estamos existindo em nosso próprio espaço e tempo – não nos encaixamos facilmente e não somos muito previsíveis – não é uma coisa consciente ou rebeldia, simplesmente É!

Às vezes, preciso me puxar para o aqui e agora, pois minha mente fica vagando, pensando em outra coisa, desde o jantar de amanhã até se é correto usar algum método de tortura para interrogar prisioneiros. Posso ter essas divagações e tenho-as com frequência – às vezes consigo ouvir o mecanismo do meu cérebro e penso que as pessoas devem me considerar um pouco abobada, pois levo algum tempo até voltar ao assunto atual para responder à pergunta feita".

Mulher, Ascendente em Libra, Sol na Quinta Casa, Lua em Aquário

Aqui, Karmini descreve como o fato de ser diferente faz com que se interesse. Ela relutou um pouco quando um de seus filhos quis voltar a estudar do modo convencional, mas superou isso pensando na educação alternativa mais profunda:

"Isso parece muito interessante: 'Quero saber mais'. Pessoalmente, gosto da ideia de ser diferente, mas quando analiso minha vida e algumas das coisas que faço, preocupo-me com o fato de outras pessoas poderem pensar que sou bem estranha! Mas isso não muda quem sou – só penso nisso. Às vezes, preciso ver que não sou diferente só por ser diferente; por exemplo, educamos nossos filhos em casa e nos associamos a uma pequena escola administrada pelos pais. Isso funcionou e trouxe muitas coisas boas, mas também descobri que preciso analisar cuidadosamente e garantir que vai funcionar também para as crianças – para mim é interessante, mas preciso aceitar o fato de que, quando elas forem mais velhas, podem querer ser como todo mundo e frequentar uma escola convencional. Nosso filho mais velho fez isso e está se sentindo bem; se ele estiver feliz, eu aceito isso. No entanto, sempre pensei numa Educação Continuada que seria diferente daquela oferecida em outros lugares!"

Homem, Ascendente em Virgem, Sol na Sexta Casa, Lua em Câncer

Pela resposta a essa pergunta, é possível ver que Nkera não está respondendo da forma mais comum:

"Desde que me lembro, sempre fui diferente. Os outros me dizem que sou diferente. Geralmente, sinto-me diferente, às vezes quero

ser diferente e até gosto disso. Às vezes, me pergunto como me tornei diferente, mas, estranhamente, às vezes não sou tão diferente assim e compreendo exatamente o que todos querem, pois são justamente como eu e eu sou justamente como eles e é bom ficar olhando o mundo passar assim, como numa gigantesca tela de TV, mas por que não posso tirá-las da tela de TV?"

Mulher, Ascendente em Capricórnio, Sol na Segunda Casa, Lua em Escorpião

Melissa gosta da ideia de ser diferente e sua Lua em Escorpião gosta do conceito de profundidade, uma característica bem escorpiana:

"Hmmm – sempre me senti um pouco diferente, um pouco 'esquisita', mas tenho gostado da sensação de estar do lado de fora, olhando para dentro. Ou, às vezes, estando do lado de fora e olhando mais de perto o lado de fora! Lembro-me de ter começado um diário aos 11 anos, escrevendo 'As pessoas pensam que sou um pouco estranha, mas não me importo. Eu gosto disso'".

Perceba que existe uma conexão entre "diferente" e "esquisito". Peça a dez pessoas sua definição de esquisitice e tenho certeza de que elas terão algumas respostas, mas em resumo seria algo como "fazer coisas que os outros não fazem", ou seja, não seguir a norma. A atriz Charlotte Rampling disse, "Para descobrir o que significa *normal*, você precisa navegar pelo mar da esquisitice".

E essa esquisitice ou diferenciação pode se manifestar de outras formas. A seguir, temos uma aquariana falando do que é antigo e novo em sua vida. Ela tem algumas coisas antigas e "diferentes", mas também tem coisas modernas e "diferentes".

Neste momento, poucas pessoas têm painéis de energia solar; pode ser que no futuro, quando todos os tiverem, os aquarianos deixem de desejar tê-los!

Mulher, Ascendente em Câncer, Sol na Sétima Casa, Lua em Gêmeos

Carol é casada e mora com seu marido canceriano e dois gatos. Agora, cuida também de seus pais idosos.

> *"Gosto de ficção científica, embora ela seja coisa de nerd. Antes eu gostava de explorar cavernas – é uma coisa meio diferente e proporciona muitas 'viagens'. Gosto de coisas antigas. Gosto de máquinas velhas – como uma velha máquina de costura Singer pintada à mão e de um velho relógio Clocking. Tenho uma casa que em parte é de 1820 e em parte de 1971, e ela é adequada para mim, de cima a baixo. Tenho um forno a lenha de verdade, que uso bastante e fica na frente de um forno elétrico convencional. Também tenho painéis solares. E um computador."*

Carol descreve algumas de suas coisas antigas, que deixam seu Ascendente em Câncer feliz, e algumas coisas modernas, que se encaixam muito bem com seu Sol em Aquário, e sua esquisitice aparece através de seu interesse por ficção científica.

Não que os aquarianos procurem ser diferentes de propósito; como pensam de forma não linear, isso acaba acontecendo.

Unicidade

A definição de unicidade segundo o dicionário é, "ser o único de sua espécie, sem algo igual ou paralelo, incomum". É verdade que você poderia dizer, com razão, que todas as pessoas são únicas, e são mesmo, mas os aquarianos se esforçam para ressoar numa frequência pessoal, única. Eles se cercam de pessoas, ideias ou coisas que são únicas. Assim, se você disser para um aquariano, "todo mundo está fazendo isto ou aquilo", ele vai ignorar o que você está dizendo. Mas se você disser algo e/ou planejar alguma coisa de que ele nunca ouviu falar antes, ele vai querer saber mais. Minha mãe está sempre sugerindo coisas completamente inusitadas. Agora, estou acostumada, mas para quem é de fora, isso pode parecer a mais absoluta maluquice.

Mais uma vez, pedi a opinião de alguns aquarianos autênticos.

Mulher, Ascendente em Libra, Sol na Quinta Casa, Lua em Aquário

Karmini realmente tem uma vida incomum. Ela passou cinco anos como conselheira de aleitamento materno na La Leche League* e agora recebe em seu estúdio mulheres que procuram recuperar a criatividade em suas vidas.

> *"Maravilhosa, é única! É assim que eu gostaria que me descrevessem. Isso tem uma qualidade bem mágica – ninguém, nada igual no mundo. Isso é muito excitante para mim."*

Tanto Nkera como Melissa lembram, com razão, que todos são únicos, mas depois explicam seus pontos de vista.

---

* Organização internacional de apoio ao aleitamento materno. (N. do T.)

Homem, Ascendente em Virgem, Sol na Sexta Casa, Lua em Câncer
Nkera:

"Todos são únicos. É estranho como algumas pessoas se esforçam tanto para serem outras pessoas, e como algumas gastam tanta energia tentando fazer com que os outros sejam como elas!"

Mulher, Ascendente em Capricórnio, Sol na Segunda Casa, Lua em Escorpião
Melissa:

"Todos são únicos. Adoro descobrir mais coisas sobre as pessoas. Adoro essas conversas que realmente estabelecem conexões. Gosto muito mesmo de explorar os pensamentos e as opiniões dos outros".

Perceba como os aquarianos se estimulam com pensamentos, opiniões e ideias.

Novas Ideias

"Para que as ideias sejam eficientes, precisamos ser capazes de emiti-las."
– Virginia Woolf, Lua em Áries

As ideias são o elemento vital de todos os signos de Ar – Gêmeos, Libra e Aquário. Eles vivem delas, respiram-nas. Uma ideia é um "plano ou esquema formado por pensamentos, impressões ou concepções mentais", e para um aquariano *novas* ideias são mais excitantes ainda. Bem, isso é uma coisa que os signos de Terra têm dificuldade para entender, e com a qual os signos de Água simplesmente não se conectam. Um signo de Terra ficaria imaginando por que eles precisam fazer as coisas de maneira diferente, ou o que há de bom nisso. Os signos de Água observariam os acontecimentos e os ignorariam enquanto eles não afetassem seus sentimentos. Os signos de Fogo, porém, ficariam envolvidos com a geração de ideias e se agitariam para fazer coisas, até se esgotarem. Um signo de Ar pode ter milhões de ideias, sem parar. É seu modo de vida.

Assim, pedi a meus voluntários aquarianos que falassem um pouco sobre suas ideias. Isso os deixou agitados, como você verá a seguir.

Mulher, Ascendente em Libra, Sol na Quinta Casa, Lua em Aquário

Karmini nos falou sobre suas ideias para fazer as coisas de uma maneira melhor:

"Não fico muito estimulada com novas ideias de terceiros, mas volta e meia me flagro inventando coisas na cabeça – um modo melhor, um modo novo de fazer alguma coisa. Por exemplo, sei que num futuro não muito distante, DVDs e vídeos vão desaparecer e poderemos ter acesso a absolutamente tudo que quisermos assistir graças a um banco de dados de filmes e programas nos controles remotos das TVs. Poderemos "pesquisar" (como fazemos nos computadores) programas antigos, documentários, filmes estrangeiros. Vamos pagar segundo o que assistimos e seremos cobrados por meio de cartões de crédito ou algo assim. Também tive a ideia, há algum tempo, de um vidro de carro sensível à chuva, para que você não tivesse de acionar o limpador. Ele seria ligado quando a chuva começasse e a velocidade seria adequada para a quantidade de chuva. Parece que

a BMW já tem isso e talvez outros carros também tenham. Com as ideias, sinto-me dividida entre o desejo de progresso e a vontade de me manter apegada à faceta humana daquilo que fazemos hoje ou fazíamos no passado. Não gosto muito da ideia de um mundo automatizado – na verdade, não gosto nem um pouco dela, mas flagro-me tendo ideias que vão nessa direção!"

Homem, Ascendente em Virgem, Sol na Sexta Casa, Lua em Câncer

Nkera passou por uma mudança importante em sua vida ao se tornar terapeuta, sua "boa ideia". Hoje ele está muito mais feliz.

"Adoro-as... gostaria de ter mais delas. Tenho a impressão de que elas fluíam mais prontamente quando eu era mais jovem... depois, assumi uma responsabilidade... e outra... e mais outra... e quase me perdi, mas depois a luz se acendeu novamente... bem-vindo novamente, eu mesmo!"

Homem de Aquário num site de namoros da Internet

"Para mim, o céu são longas, lentas e íntimas conversas, ouvindo com atenção, sem suposições ou conclusões apressadas – a sensação de estar realmente conhecendo alguém, sendo conhecido e explorando experiências e ideias."

Mulher, Ascendente em Capricórnio, Sol na Segunda Casa, Lua em Escorpião

Melissa precisa de ideias para manter sua revista sempre com novidades:

"24/7 – minha cabeça está na sexta marcha, zumbindo com novas ideias, planos e projetos. Adoro planejar novas ideias. À medida que fico mais velha, fica mais fácil lidar com apenas alguns projetos, mas sinto a necessidade de crescer sempre e de expandir continuamente meus conhecimentos. Muitos de meus amigos veem minha casa como uma biblioteca na qual podem encontrar livros sobre tudo, desde permacultura até os antigos maias, de formas positivas de criar os filhos até sexo sagrado".

Mulher, Ascendente em Escorpião, Sol na Terceira Casa, Lua em Libra

"Novas ideias – tenho-as o tempo todo, geralmente são teorias, conceitos, filosofia – não estou tão interessada em vê-las concretizadas, mas, como mãe, é uma excelente qualidade para se ter debaixo das mangas quando estou com meus filhos."

O argumento de Suzanne é válido. Ela diz que suas ideias não precisam levar efetivamente a algum lugar. Isto é algo que aprendi a respeito de minha mãe quando ela já estava idosa. Achava que todas as vezes em que ela tinha uma ideia, todos nós tínhamos de segui-la ou incentivá-la, ou de "fazer" aquilo que ela sugeria. Não, ela só precisa "ter" a ideia e pensar nela, e eu só preciso dizer-lhe "boa ideia", e ela fica toda contente. Às vezes, tornar realidade uma ideia tira a satisfação que ela nos traz.

Mulher, Ascendente em Câncer, Sol na Sétima Casa, Lua em Gêmeos

Carol descobriu que lugares de estudos intensos parecem produzir uma maior quantidade de ideias, e que é neles que ela se sente mais feliz.

"Gosto de ideias. As universidades são os melhores lugares onde já trabalhei."

Se você pudesse acompanhar os pensamentos de um aquariano ao longo de um dia, ficaria chocado. Tem tanta coisa acontecendo! Como eles conseguem tempo para comer... ou para dormir?

Se você quiser um exemplo fabuloso de pensamento aquariano, leia qualquer obra de Virginia Woolf. Ela descreve maravilhosamente bem seu processo de pensamento. Ela tinha Ascendente em Gêmeos, o que lhe dava a capacidade de se comunicar muito bem, mas seu Sol estava na oitava casa, e por isso ela ficava obcecada também com alguns dos aspectos mais sombrios da psique, e com a Lua em Áries ela chegava a ficar muito irritada com as coisas.

"Meu cérebro é, para mim, a mais irresponsável das máquinas – sempre a zumbir, a murmurar, a subir, a baixar e depois a se enterrar na lama. E por quê? Para que essa paixão?"
– Virginia Woolf

Capítulo 2

⚒ Como montar um mapa astral ⚒

Como este é um livro que mostra maneiras de identificar os tipos aquarianos que existem em sua vida, vou explicar as três coisas mais importantes que você precisa saber, como obter essas informações e o que fazer com elas depois que você as tiver descoberto.

Hoje em dia, é muito fácil montar um mapa astral. Há numerosos recursos *on-line* para isso. Mas a pergunta mais comum é: "O que *significam* essas coisas?"

Felizmente, você não precisa ter um título universitário ou aquelas abreviaturas depois do seu nome, nem passar horas na Internet navegando por montes de sites para obter essa resposta.

As três informações de que você precisa são:

Em que signo está o Ascendente
Em que casa está o Sol e
Em que signo está a Lua.

É uma informação astrológica que vai lhe permitir compreender a maioria das pessoas, fazendo com que você sinta que conhece um pouco sobre suas características, e, no caso deste livro, que saiba como se relacionar com elas. Naturalmente, existem várias informações que você pode obter a partir de um mapa astral, e ao todo são dez planetas que usamos numa consulta. Mas tudo que você vai precisar saber por enquanto é onde está o Sol, o signo do Ascendente e o signo da Lua.

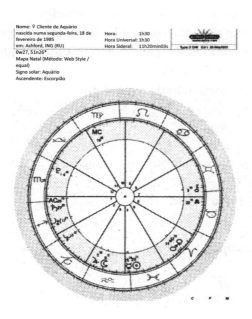

---

* Nas coordenadas de Ashford, **w** significa oeste (longitude) e **n** significa norte (latitude). (N. do T.)

Ela tem Ascendente em Escorpião, o Sol na quarta casa e a Lua em Aquário. Assim, num resumo rápido, eu diria que ela gosta de ser cautelosa ao lidar com as pessoas e deseja privacidade. O Ascendente em Escorpião não gosta de ser o centro das atenções (ao contrário do Ascendente em Leão), e por isso ela se sente melhor trabalhando nos bastidores. O Sol está na quarta casa, e por isso sua casa, cuidados pessoais, família, a mãe, são muito importantes para ela. O Sol e a Lua também estão em Aquário, e por isso ela pode se distanciar emocionalmente quando as coisas ficam muito agitadas.

Para fazer uma análise rápida de um mapa, só precisamos de três informações. O **signo** do **Ascendente**, o **signo** da **Lua** e a **casa** em que o **Sol** está.

Esta é a abreviatura do Ascendente:

ASC

Este é o símbolo do Sol:

Este é o símbolo da Lua:

As casas são numeradas de 1 a 12 no sentido anti-horário.

Eis as formas que representam os signos; procure aquele que representa o seu. Eles são chamados de glifos.

Áries ♈
Touro ♉
Gêmeos ♊
Câncer ♋
Leão ♌
Virgem ♍
Libra ♎
Escorpião ♏
Sagitário ♐
Capricórnio ♑
Aquário ♒
Peixes ♓

Para fazer o mapa astral do seu aquariano, vá ao site www. astro.com (em inglês) e crie uma conta; depois, vá à seção de horóscopos e use a parte especial do site, a "Extended Chart Selection" [Seleção Estendida de Mapas].

Você já digitou todos os seus dados. Na seção marcada "Options" [Opções], vai aparecer "House System" [Sistema de Casas]. Agora, *certifique-se de mudar a caixa para indicar Equal House* [Casas Iguais]. Por padrão, o sistema é Placidus, e todas as casas terão tamanhos diferentes; para um principiante, isso é confuso demais.

Seu mapa vai ter uma aparência parecida com esta:

♒ Como se relacionar com um Aquariano ♒

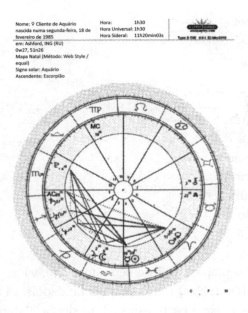

As linhas no centro do mapa são associações matemáticas fáceis ou desafiadoras entre os planetas do mapa, mas você pode ignorá-las.

Queremos apenas três informações. O **signo** do **Ascendente**, o **signo** da **Lua** e a **casa** em que o **Sol** está.

Os Elementos

Para compreender plenamente o seu aquariano, você precisa levar em conta o Elemento em que estão seu Ascendente e sua Lua.

≋ Como montar um mapa astral ≋

Cada signo do Zodíaco está associado a um elemento sob o qual ele opera: Terra, Ar, Fogo e Água. Gosto de imaginar que eles atuam em "velocidades" diferentes.

Os signos de **Terra** são **Touro**, **Virgem** e **Capricórnio**. O elemento Terra é estável, arraigado e lida com questões práticas. O aquariano com muita Terra em seu mapa funciona melhor a uma velocidade baixa e constante. (No texto, refiro-me a eles como "Terrosos").

Os signos de **Ar** são **Gêmeos**, **Libra** e nosso amigo **Aquário** (que, embora seja o "Aguadeiro", *não é* um signo de água). O elemento Ar gosta de ideias, conceitos e pensamentos. Opera numa velocidade maior que a Terra; não é tão rápido quanto o Fogo, mas é mais veloz do que a Água e a Terra. Imagine-o como tendo uma velocidade média.

Os signos de **Fogo** são **Áries**, **Leão** e **Sagitário**. O elemento Fogo gosta de ação e excitação, e pode ser muito impaciente. Sua velocidade é *muito* alta. (Refiro-me a eles como Fogosos, ou seja, do signo de Fogo.)

Os signos de **Água** são **Câncer**, **Escorpião** e **Peixes**. O elemento Água envolve sentimentos, impressões, palpites e intuição. Opera mais rapidamente do que a Terra, mas não tanto quanto o Ar. Sua velocidade seria entre lenta e média.

Capítulo 3

♒ O ascendente ♒

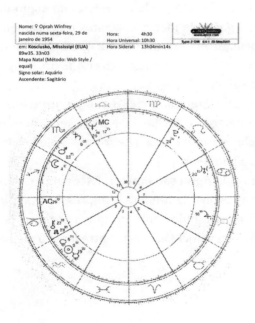

Este é o mapa astral de Oprah Winfrey. Oprah tem o Ascendente em Sagitário. Ela sabe lidar com as pessoas, diz e faz aquilo de que gosta, e talvez até cometa uma gafe de vez em quando, mas como ela é muito engraçada, ninguém se incomoda.

Aqui, vamos ver todos os Ascendentes combinados com o Sol em Aquário.

Ascendente em Áries

"O ato de brincar tira você do normal e o leva a um lugar deliciosamente divertido."

– Jacqueline du Pré, Sol na décima casa

O Ascendente em Áries, regido por Marte, Deus da Guerra, torna o aquariano um pouco mais autoconfiante, um pouco mais seguro. É um Ascendente em signo de Fogo e, como tal, proporciona uma visão de mundo positiva, dinâmica e ativa. É uma energia rápida, que deseja que o "eu" esteja em cena. Reagem rapidamente, incluem-se rapidamente nas atividades e contribuem para elas.

Ascendente em Touro

"A ideia de ir para casa é muito atraente."

– David Ginola, Sol na nona casa

Touro é um signo prático, terroso. O Ascendente neste signo fala de conceitos práticos, palpáveis. Querem as coisas num ritmo mais lento, básico, tangível e viável. Como Touro é regido por Vênus, a Deusa do Amor, questões ligadas a relacionamentos, amor e sexo estão em sua mente. Eles mantêm contato com seus corpos, com o que jantam e com quem vão dormir à noite.

Ascendente em Gêmeos

*"Creio que nosso principal interesse e tema de
conversas era quem estava saindo com quem."*
– Jean English (minha mãe em suas memórias: *A Vanished World*)*,
Sol na nona casa.

Gêmeos adora conversar, comunicar-se, participar, estar com pessoas, ter *ideias* por perto. Uma energia cerebral do Ar, um Aquário com Ascendente em Gêmeos vai querer conversar muito, não em profundidade, mas o suficiente para manter a mente cheia de ideias. Todos os signos de Ar vivem segundo suas ideias. Com essa combinação, você tem alguém que é compreensivo, feliz e que busca coisas interessantes para discutir e ponderar.

Ascendente em Câncer

*"Não tenho família, isso não foi intencional e me causa muita tristeza.
Tenho parentes idosos e muito doentes que preciso sustentar
e o estresse me causa ainda mais tristeza."*
– Cliente C, mulher, Sol na sétima casa

O Ascendente em Câncer se preocupa com a família, o lar, os filhos, as coisas de que precisamos cuidar. Podemos incluir os animais. É um signo de água que deseja nutrir, cuidar, sentir empatia pelos demais, mas como é um Ascendente de Água para um signo cerebral de Ar, às vezes o aquariano fica um pouco confuso, pois por um lado eles querem toda a indepen-

---

* Um mundo desaparecido. (N. do T.)

dência que seu signo solar lhes dá, e por outro querem as coisas aconchegantes e familiares, que lhes dão conforto... por isso, você pode dizer que eles querem ser confortavelmente independentes.

Ascendente em Leão

"Dedico-me a entreter as pessoas desde que nasci, e quando abro a geladeira e a luzinha se acende, começo a cantar."
– Robbie Williams, Sol na sétima casa

Este é um aquariano que todos percebem. O fogoso Ascendente em Leão torna-o confiante, preocupado com a aparência, à espera do famoso tapete vermelho estendido diante de seus pés. Eles querem "brilhar", pois tudo que está relacionado com Leão diz respeito à necessidade de reconhecerem sua existência. Palavras como orgulho, autoconfiança, demonstração vêm à mente. Por isso, existe um conflito, pois Aquário não quer ser *notado*, mas sim *incluído*. Logo, podemos dizer que eles querem o reconhecimento por essa inclusão.

Ascendente em Virgem

"Dediquei tanta energia para chegar ao topo que aceitei o estresse causado por estar lá."
– Plácido Domingo, Sol na quinta casa

Virgem é um signo de Terra, e, como tal, precisa ter suas necessidades materiais atendidas. Ele também é o signo que rege a saúde, a cura e os detalhes. Pôr os pingos nos "is" e cruzar os

Como se relacionar com um Aquariano

"ts" é algo natural para esta combinação. É um bom signo para preocupações, e pode fazer o aquariano cismar com qualquer coisa. Podem cuidar ou tratar de pessoas, qualquer coisa que leve em conta a saúde. Com um signo de Terra, este aquariano vai ter um pouco mais de pé no chão do que os outros, desde que se sinta bem.

Ascendente em Libra

"Eu tinha uma esposa, dois filhos e dois cães, e no dia seguinte, não tinha mais nada."
– Phil Collins, Sol na quarta casa

Temos aqui um signo que deseja se relacionar com os outros num nível mais pessoal. Eles se sentem bem quando mantêm um relacionamento íntimo e pessoal (que lhes dá a liberdade para serem individualistas), mas precisam ter um relacionamento. O signo de Ar de Libra também é regido por Vênus, e a questão do amor entra novamente em cena. Podem ser charmosos, seletivos e gostam de estar cercados de coisas "bonitas" ou "legais". É provável que suas casas sejam atraentes, com vários e belos objetos de decoração, e podem evitar discussões e discórdias.

Ascendente em Escorpião

"Não gosto de ficar presa a pessoas carentes."
– Cliente E, mulher, Sol na terceira casa

O aquático Ascendente em Escorpião é uma energia mais profunda. Ele foi descrito como o microscópio da atenção. A necessidade de se aprofundar em alguma coisa (ou em alguém), a vontade de viajar até o centro dos acontecimentos. Subterrâneo... Se você pensar em exploração de cavernas, não vai errar. Não é uma energia leve e macia. Para alguns, ela parece intensa; para outros, será fiel e leal. Minha tia possuía esta combinação, e ou ela amava você ou detestava, não havia um meio-termo... Encontrei um fórum fantástico na Internet chamado "Sou aquariano com ascendente em Escorpião. Una-se a um grupo anônimo com histórias pessoais, participe de fóruns do grupo e compartilhe experiências".* A categoria "anônimo" é que me deixou rindo sozinha...

Ascendente em Sagitário

"Quando Paris precisa fazer xixi, Paris precisa fazer xixi!"
– Paris Hilton, Sol na terceira casa

Muitos aquarianos famosos têm esse Ascendente fogoso. Oprah Winfrey, Paris Hilton, Charles Darwin, Lewis Carroll, para citar apenas alguns. Para eles, é bom fazer o que querem sem medo de repreensões ou de serem ridicularizados. São regidos por Júpiter, positivo e benevolente, o Deus dos Deuses. Quer levar você até o plano mais elevado... para depois jogá-lo na lama quando se cansar de você. Vão dizer o que pensam na mesma hora, falam sem receios e não costumam demorar para aceitar novas perspectivas. Júpiter também rege a filosofia, por isso este é o aquariano que vai enchê-lo de ideias religiosas ou espi-

---

* No original, "I'm an Aquarius with Scorpio Rising. Join an anonymous group with personal stories, support group forums, and experiences." (N. do T.)

≋ Como se relacionar com um Aquariano ≋

rituais, querendo que você o ajude a fazer a maior festa filosófica de sua vida.

Ascendente em Capricórnio

"Minha boca está cheia de dentes cariados,
e minha alma, de ambições desfeitas."
– James Joyce, Sol na segunda casa

Agora, as energias tornam a desacelerar. Voltamos a um signo de Terra. Capricórnio é o signo do realismo em todas as suas formas. Realidade é a palavra-chave. Desapontamentos também não estão muito longe do alvo. Morte, atraso, sombras em dias ruins, mau humor num dia melhor. Saturno, como planeta regente, pisa nos freios e o ajuda a ver as coisas como elas realmente são. Se quiser saber como anda a realidade das coisas que estão acontecendo, pergunte a alguém com o Ascendente em Capricórnio. Você terá todas as informações de que precisa.

Ascendente em Aquário

"Como nosso caso é novo, devemos pensar de novas
maneiras e agir de outros modos..."
– Abraham Lincoln, Sol na primeira casa

Agora, chegamos ao apogeu da aquarianidade. Não só são individualistas e diferentes, como são tomados pelo desejo de sê-lo a todo custo. Mantenha distância, observe sua unicidade em ação, pondere sobre a capacidade que eles têm de ver as coisas de um modo que você não consegue. Pense em Abraham Lincoln. Ele aboliu a escravidão na época em que ela estava funcionando à todo vapor, e lutou contra as tendências prevalentes com sua "visão" mais ampla. Num ambiente doméstico moderno, um aquariano com este Ascendente vai querer se sentir livre e que você o acompanhe nessa liberdade.

Ascendente em Peixes

"Posso pensar em algumas coisas que seriam divertidas,
mas estou vivenciando meus sonhos."
– Mike Farrell, Sol na décima segunda casa

Este é o signo mais sensível do Zodíaco, e, por isso, seu aquariano com este Ascendente vai detectar uma gota de poeira das estrelas caindo no seu ombro, sentir o seu choro a milhares de quilômetros, parecer sonhador, místico, viajando com as fadas. Mas aguente firme, nem tudo está perdido. Se ele tiver o Sol na décima primeira casa, ainda há esperança. Mas se o Sol estiver na décima segunda casa, então ele é um aquariano disfarçado de pisciano, e vai precisar ser tratado com gentileza, de um tempo para ficar sozinho e de um ambiente pacífico e silencioso.

(Se precisar de mais ideias, veja *Como Sobreviver a um Pisciano*.)

Capítulo 4

≈ A lua ≈

Na Astrologia, a Lua é onde nos ocultamos. Onde sentimos as coisas. Se o Sol é o nosso eu consciente, a Lua é o nosso subconsciente, e é sempre uma boa ideia manter contato com o subconsciente, pois sem compreender as necessidades dele, podemos acabar trabalhando "contra" nós mesmos. Digamos, por exemplo, que você é um geminiano e quer trocar de emprego, mas a sua Lua está em Touro.

Uma parte de você vai se entusiasmar com a perspectiva de novos horizontes à sua frente, enquanto outra parte de você vai se preocupar com as contas a pagar, com a perda da segurança da aposentadoria privada ou com o fato de sua caneca predileta no restaurante da empresa mudar de mãos. Não precisa ser um dilema.

Quando você descobrir em que signo sua Lua está, ou, para os propósitos deste livro, descobrir o signo da Lua de seu aquariano, então você estará num território que lhe proporcionará uma excelente percepção do eu "oculto". Também será útil ter um de seus planetas no mesmo signo de seu aquariano, pois isso lhe trará uma sensação confortável, do tipo "eu reconheço você".

A lua

Minha mãe e eu temos o mesmo signo lunar, e por isso nos damos muito bem em alguns níveis, mas como a minha Lua (Gêmeos) está em quadratura com meu signo solar (Peixes), a questão de reconfortar e de ser boa para com meu eu interior é uma tarefa desafiadora.

A Lua também é nossa "criança interior". Aquela parte em nós que é jovem e brincalhona, carente e com necessidades, uma mãe delicada e sensível. Entretanto, caso sua Lua esteja no signo de Capricórnio, você terá de incorporar, de algum modo, uma palavra bem adulta, "realismo", nessa mistura.

Esse é o encanto da Astrologia. Sua linguagem! Ela não fala apenas dos planetas no céu, e sim do modo como escrevemos sobre ela, falamos dela ou, num nível mais profundo, tomamos parte dela. Quando vejo um mapa astral, preciso levar em consideração todos os seus componentes aqui e ali, consolidá-los, compreender seu sentido e traduzir tudo isso para que meus clientes entendam, de um modo simples, o seu significado.

É inútil saber que sua Lua está no signo de Escorpião se você não compreende o que isso significa... e com esse significado vem um pouco de (auto)conhecimento e, espera-se, certa capacidade de se sentir em paz consigo mesmo. Num mapa, algumas coisas são mais importantes do que outras. Elas gritam para você, "ei, olhe para mim, preciso ser compreendida", enquanto outras simplesmente se confundem com o pano de fundo.

A Astrologia não é estática, ela evolui com cada nova geração que a pratica. Sim, ela se baseia em coisas antigas, mas aplica-se perfeitamente a esta "era moderna". Ela sempre o será, pois a Astrologia é outra forma de entender nosso mundo.

≋ Como se relacionar com um Aquariano ≋

Assim, quando afirmo que na Astrologia a Lua compreende nossas necessidades emocionais, estou dizendo que, depois que você leva em conta o tipo de Lua que tem, pode fazer algumas experiências, dando-lhe um pouco de espaço.

Eu não esperaria que alguém com a Lua em Capricórnio fosse gostar de ser o mais jovem ou o mais inexperiente num grupo de pessoas. Essa pessoa se sentiria melhor se fosse o mais velho, o chefe, tratado com respeito, a voz da autoridade...

No nosso mapa de exemplo, Oprah Winfrey tem a Lua no signo de Sagitário. Isso significa que ela tem posições fortes (ou que não gosta de ser desafiada) e, como é um signo de Fogo, isso quer dizer que sua expressão emocional é rápida e ativa.

As Essências Florais do Dr. Bach

Em 1933, o Dr. Edward Bach, médico e homeopata, publicou um livreto chamado *The Twelve Healers and Other Remedies.**
Sua teoria era de que se a perturbação emocional que uma pessoa sentia fosse removida, sua doença também desapareceria. Costumo concordar com esse tipo de pensamento, pois a maioria das doenças (exceto ser atropelado por um ônibus) é precedida por um evento desagradável ou por uma perturbação emocional que faz com que o corpo saia de sua sintonia. Remover o problema emocional e proporcionar alguma estabilidade à vida da pessoa, quando ela está passando por um momento

---

* *Os Remédios Florais do Dr. Bach – Incluindo Cura-Te a Ti Mesmo e Os Doze Remédios*, publicado pela Editora Pensamento, São Paulo, 1990.

difícil, pode melhorar sua saúde em geral a ponto de ela tornar a se sentir bem.

Conhecer as Essências Florais de Bach pode ajudar a reduzir as preocupações, dando a você e a seu aquariano mais controle sobre suas vidas. Na minha prática, recomendo muito as essências quando sinto que certa área do mapa da pessoa está passando por algum tipo de estresse... e geralmente quem precisa de ajuda é a Lua.

As essências descrevem os aspectos negativos do caráter, que são focalizados durante o tratamento. Essa percepção ajuda a reverter essas tendências, por isso, quando nosso eu emocional está bem, sentindo-se confortável, podemos enfrentar o cotidiano com mais vigor.

Em cada signo, citei as palavras exatas do Dr. Bach.

Para usar as Essências, pegue duas gotas do concentrado, ponha-as num frasco com conta-gotas, diluindo-as em água, e ingira o líquido ao longo do dia, pelo menos quatro vezes. No caso de crianças pequenas, faça o mesmo.*

Lembre-se de procurar um médico caso os sintomas não desapareçam e/ou uma orientação profissional.

Lua em Áries

"Culpe-o ou louve-o, não há como negar o cavalo selvagem em nós."
– Virginia Woolf

---

* No Brasil, geralmente as Essências são vendidas já diluídas em água com uma colher de *brandy* como conservante. (N. do T.)

Áries é um signo de Fogo, e como tal, torna o nativo de Aquário muito confiante – mas também pode fazer com que se mostre mandão e com opiniões fortes. Ele reage muito depressa às coisas, especialmente no nível emocional. Explode rapidamente e com a mesma velocidade se acalma, e fica imaginando a causa de tanta confusão. Do ponto de vista positivo, não guarda rancor e é uma ótima pessoa para fazer com que um projeto ganhe impulso.

Essência Floral de Bach Impatiens:

"Para os que são rápidos de raciocínio e ação e que desejam que tudo seja feito sem hesitação ou demora".

Lua em Touro

"Se quiser comer bem na Inglaterra, faça três desjejuns."
"Dinheiro é como um sexto sentido, sem o qual você não consegue usar plenamente os outros cinco."
– W. Somerset Maugham

Touro é um signo de Terra, envolvido com coisas que podem ser tocadas, saboreadas e desfrutadas. Este aquariano vai focalizar e se ocupar com comida e dinheiro. Gosta de luxo e do "melhor" de tudo. Pode ter inclinação para saborear chocolates ou vinhos exóticos, preocupando-se depois em pagar a conta. Precisa de estabilidade e rotina, e reage lentamente em termos emocionais. Como Touro é um signo de Terra, coisas associadas à natureza terrena entram em jogo, e por isso suas necessidades físicas e sexuais serão importantes. Apegam-se durante anos às coisas e têm dificuldade para jogá-las fora. Aprender a desapegar-se é uma lição útil, pois do contrário o porão, a garagem e um monte de caixas ficarão cheias de coisas que eles consideram lembranças ou boas emoções.

Essência Floral de Bach Gentian:

"Para os que se desencorajam facilmente. Podem progredir bem no que se refere às doenças ou questões da vida diária, mas qualquer imprevisto ou obstáculo a seu progresso gera dúvidas e logo se deprimem".

Lua em Gêmeos

"Às vezes o problema está na sua cabeça. Você precisa acreditar que consegue dar a tacada em vez de imaginar qual será a próxima tacada ruim."

– Jack Nicklaus

Gêmeos é um signo de Ar e se deleita com pensamentos, ideias e conversas. Aqui, seu aquariano terá necessidade de falar e de ver que suas opiniões são ouvidas, discutidas, cogitadas, comentadas e contempladas. Irmãos e irmãs são importantes, bem como viagens curtas. Se você quiser alguém com a Lua em Gêmeos abrir-se sobre o que pensa a respeito disso ou daquilo, ponha-o num carro e leve-o para uma viagem curta, depois faça a pergunta e ele vai lhe dizer alegremente coisas que talvez nunca dissesse cara a cara. Ah, e ele adora livros e leituras, porque "mantêm a mente ativa".

Essência Floral de Bach Cerato:

"Para os que não têm confiança suficiente em si mesmos para tomar suas próprias decisões".

Esta Essência tem como subtítulo "Para Insegurança e Incerteza" (e tanto Libra quanto Gêmeos têm esse problema).

Lua em Câncer

"Adoro essa coisa física de estar na terra que nos gerou."
– Jacqueline du Pré

Cuidar é importante. Querer manter as coisas por perto e nunca deixá-las ir. Alimentação, família e lar são muito importantes. Sendo uma Lua de signo de Água, sente as coisas profundamente e fica triste se você não percebe o que está sentindo. Gosta de comida caseira, bichos de estimação, roupas aconchegantes e, num dia ruim, pode se preocupar com dinheiro – "tenho o suficiente para prosseguir?". Quando realizo uma leitura para clientes com a Lua em Câncer, geralmente eles pedem que eu faça os mapas de toda a família, filhos, parceiro, pais, irmãos, e quase preciso arrastá-los para que falem deles mesmos e mantenham o foco.

Essência Floral de Bach Clematis:

"Alimentam esperanças de tempos melhores, quando seus ideais poderão ser realizados".

≈ A lua ≈

Lua em Leão

*"Leão confere certa nobreza às emoções, mas sua posição
dificulta um recuo ou um meio-termo."*
– Joan McEvers

Como outro signo de Fogo, a Lua em Leão diz: "Por favor, reconheça-me, saiba o meu nome, sorria para mim, trate-me com respeito e desenrole o tapete vermelho. Seja meu amigo, meu amigo exclusivo". Minha mãe tinha uma amiga aquariana com a Lua em Leão, e ela adorava visitar minha mãe, hoje idosa, todos os fins de semana, levando-a para um passeio curto até alguma loja de jardinagem ou bazar de caridade para jogarem bingo. Ela encontrava em mamãe (Lua em Gêmeos) uma plateia receptiva, e as duas aproveitavam o contato regular (Aquário é um signo fixo). Essa amável senhora tinha em minha mãe um público cativo, algo que ela realmente adorava, e alguém para quem tocar teclado e cantar... maravilhoso.

Essência Floral de Bach Vervain:

"Para aqueles que têm ideias e princípios rígidos que consideram certos".

Lua em Virgem

*"Faço apenas todas as coisas que qualquer um faria por
qualquer ser humano para tentar fazê-lo se sentir melhor.
Você se incomoda se eu fumar?"*
– Vanessa Redgrave

Preocupação, preocupação e mais preocupação sobre saúde, sintomas, o que eu comi, vou viver o suficiente para seguir meu sonho/caminho na vida? Virgem é um signo de Terra, mas também é o que chamamos de signo Mutável, propenso a mudanças e vivendo no passado. É uma Lua bem complicada para um aquariano, pois, por um lado, ela deseja curar e ser curada; por outro, deseja independência, ter seu próprio espaço e ideias. Um aquariano com esta Lua vai se lembrar de pequenos detalhes que, se você tiver planetas em Sagitário, parecerão notáveis, mas irrelevantes. Manter a calma é um atributo útil; por isso, certifique-se de que você tem estratégias para ajudá-lo a lidar com isso.

Essência Floral de Bach Centaury:

"Sua natureza boa as conduz a fazer mais do que a sua parte do trabalho e, ao fazer isso, negligenciam sua própria missão nesta vida".

Lua em Libra

"Sinto que preciso compreender melhor meus relacionamentos, porque eu não consigo escolher pessoas ou situações mais fáceis para mim. Gosto de desafios, mas anseio pela estabilidade (da qual eu provavelmente não gostaria)."
– Cliente E, mulher

Outro signo de Ar, repleto de ideias. Seja justo, cerque-o de tons pastel e não discuta com ele (a menos que ele comece a discussão!). Libra é regido por Vênus, a Deusa do Amor, e por isso coisas agradáveis, suaves, belas e "boas" sempre irão bem. Tal como ocorre com todos os planetas em Libra, eles se sentem bem melhor num relacionamento do que fora deles, mas, como aquariano, esses relacionamentos podem ser bem variados.

Eles também sofrem de uma terrível indecisão. Devo fazer isto ou seria melhor fazer aquilo... ou será que eu vou aborrecer fulano ou sicrano se fizer outra coisa? Eles ficam enrolados "tentando" descobrir a melhor solução para as coisas.

Essência Floral de Bach Scleranthus:

> *"Para aqueles que sofrem muito por ser incapazes de decidir entre duas coisas, inclinando-se ora para uma ora para outra".*

Lua em Escorpião

> *"É, acho que se você está aparecendo num programa de TV em rede nacional, é bom ver se o seu zíper está fechado, porque você não quer que aconteça alguma coisa desnecessária – como a exposição."*
>
> – Robbie Williams

Outro signo de Água, mas muito intenso. Não faça perguntas demais, não force, antes eles precisam confiar em você. Do lado positivo, eles conseguem chegar ao núcleo de um problema; do negativo, sofrem de paranoia: a síndrome "Todos estão contra mim". Para eles, não existe cinza; tudo é preto e branco. Se quiser alguém para comandar sua sociedade secreta, esse é o sujeito.

Essência Floral de Bach Chicory:

> *"Estão continuamente afirmando o que consideram errado e o fazem com prazer".*

Lua em Sagitário

"Transforme suas feridas em sabedoria."
– Oprah Winfrey

Outro signo de Fogo. Vamos até Machu Picchu no Peru! Vamos descobrir o sentido da vida, vamos estudar uma religião estranha, diferente. Vamos soltar o verbo e dizer coisas que deixam os outros com falta de ar! Você é gorda! Esta alface está horrível! Tem um furo na sua camisa! Eles não querem ferir seus sentimentos, mas não conseguem deixar de mostrar o que é óbvio, pois suas emoções estão sintonizadas com aquilo que, para eles, é a "verdade". E isso pode funcionar nos dois sentidos. Algumas pessoas gostam de sua "honestidade", outras reclamam de sua falta de sensibilidade. Tanto Oprah Winfrey como Yoko Ono são aquarianas com a Lua em Sagitário, mas Oprah é respeitada, enquanto Yoko teve de se esforçar para ser "vista" separadamente do brilho de John Lennon.

Essência Floral de Bach Agrimony:

"Escondem suas preocupações por trás de seu bom humor e de suas brincadeiras e tentam suportar seu fardo com alegria".

Esta Essência tem como subtítulo "Sensibilidade Excessiva a Influências e Opiniões".

Lua em Capricórnio

*"Um cientista não deve ter desejos, afeições
– deve ter um mero coração de pedra."*
– Charles Darwin

Um signo de Terra e uma Lua muito séria. A Lua em Capricórnio lê o *Guardian** e ouve música clássica, assiste a peças sérias ou a comédias malucas, e quer a realidade da vida, não seu lado *fofinho*. Esta combinação de signos não lida bem com isso. Gosta de coisas antigas, prefere amigos e conhecidos mais velhos e costuma ficar mais feliz num ambiente sério, de estudos. Muitos aquarianos mais velhos e famosos, como Abraham Lincoln e Charles Darwin, tinham esta combinação, e podiam suportar oposição e severidade emocional que fariam seres humanos modernos desmoronar, e certamente não iriam compartilhar seus medos ou fraquezas com você. Pense na palavra "estoico".

Essência Floral de Bach Mimulus:

"Para medo de coisas terrenas: doenças, dor, acidentes, pobreza, escuridão, solidão, infortúnio. São os medos da vida diária. As pessoas que necessitam deste medicamento são aquelas que, silenciosa e secretamente, carregam consigo medos sobre os quais não falam a ninguém".

Lua em Aquário

"Lembre-se: ande sempre sob a luz. E se achar que não está andando sob ela, procure-a. Ame a luz."
– Roberta Flack

Outro signo de Ar. Esse é um aquariano duplo. São pessoas estranhas, maravilhosas e diferentes, tudo sem fazer força. Sob toda essa esquisitice, às vezes pode haver certa tristeza, pois sua educação pode ter sido bem severa. Percebi que clientes

---

* Jornal inglês considerado intelectual. (N. do T.)

com a Lua em Aquário tiveram de reprimir suas emoções na infância; quando cresceram, não conseguiram expressá-las com facilidade. São pessoas que certamente conseguem se virar sozinhas. Conheço um aquariano cuja existência é quase monástica e ele está muito à vontade com isso. Gosta de companhia, mas não quer se casar e nem ter filhos. É um absoluto forasteiro. Vive à margem da vida... e não tem celular...

Essência Floral de Bach Water Violet:

"Para aqueles que gostam de ficar sozinhos, independentes, capazes e autoconfiantes. São indiferentes e seguem seu próprio caminho".

Lua em Peixes

"Você só cresce quando está sozinho."
– Paul Newman

Esse é o mais sensível signo lunar que alguém pode ter, e se ignorar essa sensibilidade, vai sofrer desnecessariamente. Podem ser sensitivos, atenciosos, confusos, sensíveis, melindrosos, sonhadores e muito mais atrapalhados quando são obrigados a fazer coisas rudes, barulhentas ou violentas. Meus clientes com esta combinação precisam de espaço para expressar seus medos mais profundos, que são muitos e conflitam com seu excêntrico Sol aquariano. Se eles dão algum espaço para essa sensibilidade, sentem-se bem melhor.

Essência Floral de Bach Rock Rose:

"Para casos em que parece não haver nenhuma esperança ou quando a pessoa está muito assustada ou aterrorizada".

Capítulo 5

♒ *As casas* ♒

Na Astrologia, o Sol indica o modo como brilhamos e as casas mostram onde brilhamos. Ter o Sol na quinta casa, da criatividade e da diversão, é radicalmente diferente de tê-lo na décima segunda casa, da espiritualidade e do autossacrifício.

Para compreender plenamente seu amigo ou parente aquariano, é bom saber em que casa seu Sol está, para que você possa entender que tipo de Aquário ele é e o que o motiva.

Também é o conceito mais complicado para as pessoas compreenderem. O que é uma casa? O que significa ter um planeta numa casa?

Imagine que as casas são como quartinhos, todos ao longo de um corredor. Se o Sol (quem a pessoa é) estiver na primeira casa, no primeiro quarto do corredor, então todos que estiverem no início do corredor podem ouvir aquela pessoa quando ela falar, provavelmente podem ouvi-la quando ela tossir e, certamente, podem ouvi-la se ela gritar. Mas se o Sol (quem a pessoa é) estiver num quarto mais para o meio do corredor, digamos, na sexta casa, não será tão fácil ouvi-la ou julgar o que está acontecendo com ela em seu quartinho... por isso, será preciso percorrer o corredor para vê-la e fazer contato. E quando o Sol está na décima segunda casa, no último quarto do corredor, então talvez nunca venhamos a conhecê-la. Ela pode muito bem existir sem que percorramos todo o corredor para encontrá-la. Ela não vai sair para encontrar você, mas, depois de um tempo, talvez você se aproxime de onde ela está, desde que fique no corredor por um tempo suficientemente longo.

Pessoas com o Sol na décima segunda casa não gostam de ficar sob os holofotes, enquanto as pessoas com o Sol na primeira casa (bem no início do corredor) gostam do fato de os outros saberem quem elas são e onde estão.

Oprah tem o Sol na segunda casa, e por isso a segurança financeira é importante para ela, e deveria ser mesmo, pois seu patrimônio passa de 2,7 bilhões de dólares! Não é só o dinheiro que é importante para ela, mas o que ele lhe traz. "O que o sucesso material faz é dar-lhe a capacidade de se concentrar em outras coisas que realmente importam. Ou seja, ser capaz de fazer diferença, não apenas em sua própria vida, mas na vida de outras pessoas."

Incluí, a seguir, o signo que estará no Ascendente com o Sol em cada uma das casas. O uso do Sistema de Casas Iguais significa que as casas têm o mesmo tamanho, mas o Ascendente pode estar num ou em outro de dois signos, dependendo do horário de nascimento.

A Primeira Casa, Casa da Personalidade

"Primeira lei de Newman: é inútil pisar no freio quando você está de cabeça para baixo."

– Paul Newman

A primeira casa fala do "eu"; assim, os aquarianos com o Sol na primeira casa terão o foco sobre isso – eles mesmos. Geralmente, são confiantes, assertivos, positivos e destemidos. Tendo a casa regida por Marte, o Deus da Guerra, eles vão querer que as coisas andem, terão uma postura positiva e serão orientados para a ação.

(Ascendente Aquário ou Capricórnio.)

A Segunda Casa, Casa do Dinheiro, de Bens Materiais e da Autoestima

"Tomo conta de todas as finanças da casa e gosto que seja assim. Gosto da ideia e do fato de ter uma 'cesta de ovos secreta', escondida, para o caso de minha família precisar dela."
– Melissa Corkhill

A segunda casa trata do mundo material: dinheiro, bens, alimentos, sensualidade, pois é regida por Vênus, a Deusa do Amor. Um aquariano com o Sol nela vai querer ter um lar seguro, uma renda sólida e dinheiro para "dias chuvosos" a fim de se sentir realmente feliz.

(Ascendente Capricórnio ou Sagitário.)

A Terceira Casa, Casa da Comunicação e de Viagens Curtas

"As amizades de um homem são uma das melhores medidas de seu valor."
– Charles Darwin

A terceira casa trata de irmãos, viagens curtas e de todas as formas de comunicação, e nela o Sol em Aquário vai privilegiar esses níveis da existência. Podem ser falastrões, gostarem de conversar, de ensinar, de dar um pulo em lojas ou de caminhar um pouco para visitar seus vizinhos. Nessa casa regida por Mercúrio, o Deus mensageiro, eles vão querer deixar o celular sempre ligado, e com créditos.

(Ascendente Sagitário ou Escorpião.)

A Quarta Casa, Casa do Lar, da Família e das Raízes

"Gostaria de me casar e ter mais filhos.
Gostaria de tentar fazer isso direito."
– Phil Collins

A vida familiar e as questões domésticas são a essência da quarta casa. A mãe, os parentes, o jantar, a família e os alimentos. As questões vão se concentrar nos relacionamentos e nas coisas próximas do lar. Um aquariano com o Sol aqui será um aquariano menos "típico", pois a vida doméstica vai fazer com que pareça "acolhedor". A fama de astros populares não dura muito com esse posicionamento. Clientes assim são mais tímidos e caseiros do que outros aquarianos. Na verdade, se você quiser ter uma infância agradável, agradeça se seus pais (ou você) tiverem esse posicionamento!

(Ascendente Escorpião ou Libra.)

A Quinta Casa, Casa da Criatividade e do Romance

*"E quero que meus textos cresçam e se tornem uma
criança de cabelos brancos, brincando para sempre no jardim."*
– escritora Lucy English

O Sol na quinta casa é semelhante a ter Leão como Ascendente. Perceba-me. Não me ignore, seja meu amigo. As crianças são tão importantes quanto ter o maior número possível de "seguidores". Como esta é a casa da criatividade, isso pode se manifestar como bebês, arte, música e/ou poesia. Eles adoram criar e realmente amam o fato de você apreciar e aceitar aquilo que eles criam.

(Ascendente Libra ou Virgem.)

A Sexta Casa, Casa do Trabalho e da Saúde

*"Faça as perguntas certas se quiser
descobrir as respostas certas."*
– Vanessa Redgrave

Saúde, bem-estar, cura, tudo isso se sintoniza com a sexta casa e se liga a Virgem, o sexto signo do Zodíaco. Assim, eles se preocupam com o bem-estar das pessoas e sentem necessidade de trabalhar num lugar organizado. Um lugar para cada coisa e cada coisa em seu lugar. Isso não significa que não podem ser bagunceiros, mas que terão categorizado cada pensamento e cada sentimento em pequenos compartimentos ajeitados.

(Ascendente Virgem ou Leão.)

A Sétima Casa, Casa dos Relacionamentos e do Casamento

"Eu só queria captar o sentimento de um dia de verão
quando você está bêbado, rolando pela grama com
a pessoa que você ama ao seu lado."
– Robbie Williams

Parcerias, pessoas amadas e casamento são as estrelas da sétima casa. A ansiedade com relação a maridos e esposas, para não falar de toda a gama de problemas com o casamento ou dentro dele. Pessoalmente, conheço as duas variações, e o Ascendente Leão vai querer o tratamento com tapete vermelho, bem como o conforto e a segurança do casamento, mesmo que isso signifique casar-se mais de uma vez.

(Ascendente Leão ou Câncer.)

A Oitava Casa, Casa da Força Vital no Nascimento, no Sexo, na Morte e no Pós-Vida

"Cada segredo da alma de um escritor, cada experiência
de sua vida, cada qualidade de sua mente, está descrito
em grande parte em suas obras."
– Virginia Woolf

Sexo, morte, reencarnação e "coisas profundas e importantes". Talvez até uma leve propensão para a obsessão e a intensidade. Pessoas com o Sol na oitava casa ficam felizes quando estão resolvendo problemas complexos e secretos. Podem trabalhar em investigações, espionagem ou pesquisas. Se o Ascendente for Gêmeos, haverá um dilema terrível: por um lado, desejarão o sigilo, e por outro, vão querer contar para todo mundo.

(Ascendente Câncer ou Gêmeos.)

A Nona Casa, Casa da Filosofia e de Viagens Longas

"A casa ficava num bairro português e perto da igreja católica, e eu adorava espiar pela porta e ver as velas queimando naquele interior branco, fresco e cheio de colunas."
– Jean English (*A Vanished World, My Memories*)

Esta casa trata da religião e da filosofia. A nona casa rege viagens por longas distâncias, em contraste com a terceira casa, que rege viagens curtas; assim, os nativos gostam de visitar outros países e terras distantes, e buscam educação e aprendizado profundos.

Minha mãe converteu-se ao catolicismo depois de passar dez anos da infância em Hong Kong; depois de casar, foi morar no Ceilão (Sri Lanka) e mais tarde na Suíça, quando meu pai foi promovido.

(Ascendente Gêmeos ou Touro.)

A Décima Casa, Casa da Identidade Social e da Carreira

"Na música de câmara, companheirismo e trabalho árduo se combinam, desde que os outros músicos não se sintam preguiçosos."
– Jacqueline du Pré

A décima casa trata da carreira. Pessoas com seu signo solar nesta casa desejam deixar sua marca no mundo, elevando-se acima das limitações terrenas. Quando as recebo para uma consulta, elas se mostram bastante preocupadas com seu "caminho de vida", e querem ser vistas como quem faz o bem e tem elevada posição social. Pode haver uma preocupação com "o que os outros pensam de mim".

(Ascendente Touro ou Áries.)

A Décima Primeira Casa, Casa da Vida Social e da Amizade

"E é isso que torna grandioso esse jogo, o apoio e a dedicação dos fãs desse jogo."
– Nolan Ryan

Esta é a "verdadeira" casa do aquariano, pois o seu signo é o décimo primeiro do Zodíaco e a décima primeira casa tem um significado similar. Os nativos vão querer, e não *precisar*, de: grupos, participação em organizações e sociedades das quais possam ser membros. Não se veem isolados do mundo; fazem parte dele.

(Ascendente Áries ou Peixes.)

A Décima Segunda Casa, Casa da Espiritualidade

"Desenvolver os músculos da alma não exige espírito competitivo e nem instinto assassino, embora possa desenvolver barreiras de dor pelas quais o atleta espiritual tem de passar."
– Germaine Greer

♒ As casas ♒

Percebi que muitos de meus clientes com o Sol na décima segunda casa não gostam mesmo de viver sob os holofotes. Querem estar nos bastidores, agindo por trás do palco. Se procura alguém para apoiar você ou seu projeto e segurá-lo com cuidado, feliz por se manter despercebido, então escolha alguém com o Sol na décima segunda casa. Contudo, é muito pouco provável que você encontre um grande número dessas pessoas reservadas, pois, diferentemente de outros aquarianos, eles não são lá muito sociáveis.

(Ascendente Peixes ou Aquário.)

Capítulo 6

≈≈ *Os problemas* ≈≈

Todo signo do Zodíaco tem um lado "problemático". As pessoas reclamam que os escorpianos são reservados e sexualizados, que os geminianos não conseguem guardar segredos e que os sagitarianos sempre metem os pés pelas mãos. Os aquarianos não são diferentes. Há pessoas que reclamam de qualquer signo estelar quando acham que estão sendo mal compreendidos. Ao escrever este livro, tive de levar em conta quais eram as queixas mais comuns sobre os aquarianos, e, como este é um livro prático, tive de estudar essas queixas e encontrar soluções de fácil uso para elas.

Mulher de Gêmeos falando dos aquarianos de sua família

"Meu pai e minha irmã mais nova são do signo de Aquário. Os dois são teimosos e dominadores. Acham que estão sempre com a razão, e ai de quem ousar desafiá-los! Talvez seja porque são parentes. Também são muito sagazes, bem-humorados, muito inseguros, vivem no exterior mas, detestam morar sozinhos bebem muito. Não percebem muito bem seus defeitos, mas criticam os outros e são intolerantes!"

♒ Os problemas ♒

Mas primeiro, vamos tratar dos problemas. E, como sempre, preciso levar em consideração o *seu* signo e Elemento para poder lhe oferecer o melhor conselho. Eu nunca sugeriria a um canceriano que seus sentimentos não são importantes. Isso seria como pedir a eles que cortassem fora suas mãos ou pulassem de um penhasco. Não dá para fazer isso, não o ajudo agindo dessa maneira. Também reuni as queixas mais comuns que as pessoas têm sobre os aquarianos, levando em conta que, se as coisas estivessem indo bem com a pessoa, esses problemas não surgiriam. Como mencionei anteriormente, é menos provável ter uma queixa sobre um aquariano do que sobre um pisciano, pois os aquarianos têm uma energia mais abrangente e provavelmente mais fácil de se definir.

Bem, e quais são os principais problemas?

Meu aquariano é tão frio que tenho a impressão de que moro na Antártida.
Receio que esta seja a maior queixa a respeito dos aquarianos que ouço na minha prática astrológica. Ela aparece sob diversos disfarces. Não que o seu aquariano queira fazer com que você se sinta isolado e solitário. Com certeza ele não quer que você se sinta negligenciado, mas o aquariano comum não é do tipo abraço-toque-sentimento, e também vai lhe dar MUITO ESPAÇO (algo de que eles mesmos gostam).

Bem, alguns signos estelares acham que a questão do espaço é muito aflitiva. Alguns gostam de se aninhar com as pessoas, de sentir a presença física delas. São sinestésicos e querem tanto tocar você como conversar, conectar-se com seu corpo (e com sua mente)... mas são coisas que fazem o aquariano sair correndo na direção da porta. Aninhar? Tocar? Podem fazer isso com um animal de estimação, mas para eles é mais difícil agir assim com um ser humano. Por isso, tente não se abalar e satisfaça suas necessidades físicas com massagens num bom terapeuta ou com um animal doméstico que vai gostar de ser acariciado.

Meu aquariano diz que não me ama mais, mas quer que continuemos amigos.

Ah-ha. Agora, estamos entrando num território que muitas mulheres não compreendem. O homem (ou mulher) de Aquário está sendo educado. Se seu aquariano não a ama mais, então você precisa se afastar de qualquer ideia sobre romance. No entanto, ele diz que ainda quer ser "seu amigo". Você pode se perguntar, por quê? Como? Essa é uma situação difícil. Conheço muitos aquarianos que mantêm a amizade com ex-namoradas e a atual não consegue compreender como eles podem querer sair para dar longas caminhadas, conversar, almoçar juntos, rir com alguém com quem não têm mais um compromisso... alguns signos ficam com ciúmes... Mas não entendem como funciona o aquariano. Eles não querem perder sua amizade, e para eles essa é a parte mais importante de se conhecer alguém. E lembre-se de que Aquário é um "signo fixo". Os signos fixos são Touro, Escorpião e Aquário, e eles não gostam de mudanças. Perder o contato com você é uma grande mudança, e eles preferem não passar por ela.

Meu aquariano entrou na rotina e disse que está entediado.

Caramba. Esta é a história que deve fazer soar os alarmes. Um aquariano entediado é um aquariano cuja vida está por um fio.

≈ Os problemas ≈

Por que seu aquariano ficou entediado? Você o impediu de pensar criativamente? Seu signo é de Terra ou de Água? Se você quiser ficar no mundo aquariano, é melhor resolver isso de maneira ágil e prontamente. Não se preocupe com os detalhes mais sutis do problema, siga em frente.

Incentive seu aquariano a participar de algum grupo. Qualquer grupo. Pode ser de aula de cerâmica ou de arte, de origami ou de poesia. Pode ser de prática de caiaque num lago em Seattle ou exploração de cavernas em Blackburn ou de ciclismo no Japão. O importante é que haja outras pessoas fazendo alguma coisa. Isso é melhor do que ele ficar andando de um lado para o outro em casa, deixando você maluco. Empreste-lhe dinheiro para cortar o cabelo. Venda o carro, compre um novo, fique dirigindo e rodando com ele por algumas horas. No mínimo, peça a seu aquariano para registrar seus sonhos das próximas seis noites e ajude-o a entender o que o tem impedido de sair dessa rotina (que para ele é terrível).

Meu aquariano quer ir de bicicleta até a Moldávia e ficar estudando enologia durante seis meses, voltar para casa e criar seu próprio vinhedo em Clacton-on-sea.
Fique tranquilo: se o seu aquariano quer fazer isso, nada que você disser ou fizer pode impedi-lo, exceto trancá-lo no quarto, coisa que não recomendo. Primeiro, seu aquariano "teve uma ideia"; segundo, as ideias de Aquário são a essência e o elemento fundamental de suas vidas, e impedi-los de pôr em prática essas ideias é a maneira mais rápida de afastá-los de você.

Os aquarianos mais infelizes que conheci em minha prática astrológica eram os que tinham ficado sem ideias. Geralmente, isso acontece se eles moram com signos de Água, pois os signos de Água tendem a jogar água fria em suas ideias, uma vez que querem que seus aquarianos alimentem seus sentimentos... e isso não é possível se eles estiverem a centenas de quilômetros dali. Ou se estão vivendo com signos de Terra, que simplesmente não conseguem acompanhar a enxurrada de pensamentos originais e acabam fazendo perguntas assim: "Como você vai de bicicleta até a Moldávia se nem consegue chegar ao centro da cidade sem cair?", ou "Você nem *gosta* de vinho, como é que vai começar um vinhedo?", e assim por diante.

Infelizmente, os signos de Terra não "fazem" coisas sem planejá-las cuidadosamente antes ou sem avaliar a validade do conceito, e geralmente só "fazem" coisas que já foram feitas antes.

Costumo pensar que o pensamento criativo foi o que gerou centenas de invenções e a quebra de novos recordes em áreas como aviação e computação. Logo, se o seu aquariano é assim, compre um celular para ele, veja se ele tem um bom mapa e diga adeus. Enquanto isso, ou você o acompanha, ou faz a cama para quando ele voltar.

Meu aquariano tem amigos demais, não consigo lidar com isso.

Pessoalmente, isso nunca foi um problema. É parte do ônus de se viver com um aquariano. Com tanta gente na minha casa durante a minha infância e adolescência, eu achava que todo mundo tinha aquela quantidade de amigos. Só quando eu me casei pela segunda vez é que descobri pessoas que não têm amigos e que sua família são aqueles com quem eles se "socializam". Se o seu signo é de Ar, isso não vai ser um problema, pois provavelmente você vai gostar da companhia adicional. O mesmo se aplica se o seu signo for de Fogo. Enquanto os signos

‿‿ Os problemas ‿‿

de Fogo têm público, o que os aquarianos conseguem com facilidade, eles estão felizes. O problema é se o seu signo for de Terra, pois essa quantidade de gente correndo para lá e para cá na sua vida vai esgotá-lo.

Como lido com meu aquariano morando em seu próprio planeta e com a cabeça no mundo da Lua?
Bem, isso é mesmo difícil para os signos de Terra, e foi uma pergunta feita por uma amável senhora de Touro que conheço. Seu aquariano não é muito expansivo. Ela gosta do senso de liberdade dele, de suas ideias originais, de suas esquisitices, mas depois de ter lhe dado vários filhos e de ser "dona de casa" para ele, ela ficou aborrecida por ter envelhecido e não ser mais sensual. Ela queria que ele a levasse para jantares com vinhos, ser mimada. Ela queria voltar à agitada vida do começo do casamento, e como taurina estava se sentindo parada, e essa monotonia (que o taurino considera estabilidade) a estava enlouquecendo. Ela não queria deixá-lo e nem queria magoá-lo demais, mas sua necessidade de achar que ainda era atraente com quarenta e poucos anos a estava perturbando (e a ele também).

Ela achava que ele ficava muito distante dela. Que ele não estava "presente" para ela. É interessante observar que os dois têm o Sol na sexta casa, e por isso ambos estavam preocupados com a situação; por sorte, ambos tiveram a presença de espírito de conversarem a respeito do problema. Para lidar com um aquariano "em seu próprio planeta", você precisa levar em conta *suas* necessidades e o modo de satisfazê-las, pois o seu aquariano vai lhe dar o que ele quer... ou seja, muita liberdade. De fato, ela reclamou que ele lhe dava liberdade *demais!* Para um taurino sentir-se feliz com um aquariano, ambos precisam dizer, clara e sucintamente, o que precisam no relacionamento.

Eles precisam que seus aquarianos "estejam" em seu mundo físico. Reconheçam sua existência. Comentem suas roupas ou seu cabelo ou sua comida. Deem um abraço quando estiverem se sentindo tristes, façam um carinho e entrem em contato com seus corpos... não com suas mentes. Isso talvez não aconteça nesse relacionamento em particular, e por isso meu conselho seria satisfazer essas necessidades em outro lugar. Faça massagens regularmente com um profissional que gosta do que faz. Nada sexual, só algo para o corpo se sentir tocado e acolhido. Ou torne-se modelo vivo numa aula de artes, na qual o corpo seria alvo de atenção e consideração.

Capítulo 7

≋ As soluções ≋

Bem, agora que sabemos como montar um mapa, onde o Sol está, qual o signo da Lua... e tudo está bem...

Não?

Vejamos. Na vida de todas as pessoas há dificuldades e perturbações. Lá está você, feliz da vida em seu relacionamento com seu aquariano e, de repente, sua vida desmorona. Aquilo que você pensava que era amor de verdade, compreensão ou alegria, virou tristeza, confusão ou infortúnio.

Não se preocupe. Todo problema tem solução, o truque consiste em compreender a pessoa que está com o problema, ajudando-a a se sentir melhor. Você pode fazer isso facilmente, e, ao ajudá-la a se sentir melhor, você também vai se sentir melhor.

Naturalmente, presume-se que você esteja próximo o suficiente do aquariano para fazer alguma diferença. Se você estiver a quilômetros de distância, meu conselho pode precisar de alguns ajustes, mas não se deixe abater.

A morte também pode separá-lo da pessoa com quem você está tentando manter um relacionamento. Um progenitor pode morrer, um filho pode ter sido tirado de você, um parente ou amigo pode não estar mais no plano terreno. Não se desespere, você pode manter contato com alguém "em espírito" com a mesma facilidade com que você mantém na Terra, basta adaptar as coisas para atender suas necessidades.

Agora, duas coisas de que você vai precisar em sua "caixa de ferramentas de soluções":

Acesso à internet e ao maravilhoso site www.emofree.com.

As Essências Florais de Bach mencionadas anteriormente para cada signo lunar.

Agora, vou lhe dar um exemplo do tipo de coisa que perturba os aquarianos.

Esta jovem me mandou um e-mail porque acredita que é uma adulta índigo.*

"Olá, Mary,

Vi o seu nome na Indigo Network. Provavelmente, sou uma adulta índigo, nascida em 19 de janeiro, um mês antes da data prevista. As pessoas me dizem que pareço 15 anos mais nova do que sou, e de vez em quando as crianças não percebem que sou adulta. Não me sinto mesmo como tal. Sempre fui muito sensível e empática, e tive dificuldades para me comunicar efetivamente com as pessoas, além de problemas com figuras de autoridade. Acima de tudo, tenho a sensação de que ninguém quer jogar o meu jogo (no qual todos amam os demais e colaboram uns com os outros, sem julgamentos, críticas, cobranças ou punhaladas pelas costas). É que a maioria das pessoas parece ser de uma espécie completamente diferente da minha. Passei pelas experiências mais desafiadoras nesses últimos 15 anos, quando entrei num caminho espiritual, mas ultimamente

---

* Diz-se de pessoas que teriam nascido com determinadas características que as tornam especiais, supostamente como precursoras da Nova Era. (N. do T.)

comecei a ver o motivo para isso. Também fui me tornando cada vez mais consciente do meu anseio por encontrar comunidades de pessoas que estão na mesma faixa de onda, bem como do medo de não estar seguindo minha vocação para mudar o mundo.

Aguardo notícias suas..."

Bem, essa jovem tem Ascendente em Virgem, Sol na quinta casa e Lua em Escorpião.

Para aconselhá-la, precisamos levar em consideração algumas coisas. Como seu Ascendente está em Virgem, sabemos que ela se preocupa (todos os virginianos são preocupados), e assim, devemos sugerir-lhe formas para reduzir a preocupação.

Para isso as essências florais são ideais, bem como a técnica da liberdade emocional.

Depois, precisamos ajudá-la a encontrar uma forma de se sentir criativa, pois a Lua está na quinta casa, que trata da criatividade. Não sei se ela pode mudar o mundo, mas com certeza ela pode mudar seu próprio mundo adotando um passatempo ou sendo criativa ou artística. O Ascendente em Virgem lhe dá um interesse pela cura, pois Virgem rege a saúde, e por isso um bom curso numa disciplina ligada à cura pode ajudá-la a encontrar seu caminho. A necessidade de encontrar uma "comunidade" de pessoas que pensam da mesma forma é um desejo constante de quase todos os aquarianos, e lugares como a Fundação Findhorn na Escócia certamente se encaixam nisso.

Então, sem esquecer da Lua em Escorpião, precisamos ter certeza de que ela se sente segura, sem ameaças externas, pois no passado ela teve problemas com "punhaladas pelas costas". Em última análise, um trabalho autônomo seria adequado, além de atividades voluntárias em obras de caridade.

Como se relacionar com um Aquariano

Eis algumas sugestões para o aquariano em sua vida: como ajudá-lo quando as coisas ficam difíceis.

Ascendente ou Lua em Áries

Se o seu aquariano ficar irritado, você precisa agir depressa, pois essa configuração de signos é rápida. Ele vai precisar de alguma agitação. Áries é regido por Marte, por isso a melhor solução para um irritado aquariano com Ascendente num signo tão forte é tirá-lo de casa para uma longa caminhada. Falar sobre o problema não é uma solução. O Ascendente em Áries vai querer AÇÃO (diferentemente de Leão, que quer LUZES! CÂMERA! AÇÃO!). Uma aula de tai-chi-chuan, de judô, corrida, esgrima, esportes animados. Não competitivos, porque essa combinação não vai ser fácil se não conseguir o que deseja, e este livro foi escrito para ajudar o amigo aquariano...

Ascendente ou Lua em Touro

A energia dessa pessoa é mais lenta. Para esse aquariano se sentir melhor, pegue alguns bolos na despensa (dietéticos!). Ouça-o por alguns minutos e marque uma consulta com um massoterapeuta holístico, agente de cura, que faça aromaterapia. Antes tarde do que nunca. Touro quer ver suas necessidades básicas satisfeitas, e essas necessidades são alimento, sexo e contato. Aqui, o CORPO é importante.

Ascendente ou Lua em Gêmeos

Acenda o fogão e ponha a chaleira para esquentar. Pegue os livros. Discuta. Discuta mais um pouco. Procure soluções práticas. Ouça. Mexa a cabeça em consentimento de vez em quando. Sorria. Transmita confiança e fale como se entendesse como ele está se sentindo ou o que está pensando. Leve-o para um curto passeio de carro e em pouco tempo ele vai se soltar. Faça -o falar, pois as energias cerebrais e aéreas precisam pensar, e ele não pode pensar se estiver perturbado; mas falar sobre o problema vai ajudá-lo a focalizar seus pensamentos.

Ascendente ou Lua em Câncer

Neste caso, você vai precisar de "baldes de simpatia". Câncer é um signo de Água, e, em contraste com o Sol em Aquário, faz com que a pessoa precise muito de EMPATIA. Não dá para ficar dizendo "sei, sei", fingindo interesse. A menos que você tenha passado pelo que Câncer passou, você está fora do jogo. A melhor estratégia é esquentar a chaleira, desligar o celular, parecer calmo e simpático, reclinar-se no espaço de Câncer, imitar sua linguagem corporal e preparar os lenços. Os cancerianos precisam chorar, mas geralmente se sentem bem melhor depois disso.

Ascendente ou Lua em Leão

Segundo signo de Fogo do Zodíaco. Mas você não percebe isso, pois Leão acha que é especial e único, e precisa de muita atenção. "Tudo bem, tudo bem" funciona com eles. "Como posso ajudar, o que posso FAZER?" também ajuda. Os signos de Fogo gostam de ação; Áries gosta de ação física, enquanto Leão gosta de agir com alguma companhia. Eles querem uma plateia para representar sua história, para encenar seu drama. Quanto mais gente, melhor! Você não vai precisar de lenços. Leão precisa estar sofrendo muito para chorar, e tende a fazê-lo silenciosa e solitariamente.

Ascendente ou Lua em Virgem

Fiquei tentada a dizer, "Chame o médico", pois Virgem se preocupa muito com a saúde. Quando se aborrece, o virginiano/aquariano reclama, reclama e reclama, até você ter vontade de gritar "ACALME-SE". Não é uma estratégia útil, mas é o que lhe vem à mente depois de escutar cada detalhezinho daquilo que estava acontecendo. Mas não vou criticar Virgem, pois esse signo tem uma bela capacidade de cura, coisa que nenhum outro signo estelar tem. Se ao menos pudessem perceber isso, em vez de reclamar de sua própria saúde, ocupar-se-iam curando os outros ou a si mesmos. Na verdade, Virgem/Aquário não quer falar, pois falar pode fazê-lo sentir-se pior. Ele vai se sentir melhor se ingerir uma essência floral. *Centaury* é bom, ou o remédio homeopático *Ignatia*, para histeria, pesar ou perturbações. Aborrecimentos emocionais também afetam a saúde física de Virgem/Aquário; por isso, se ele estiver estressado, pode ter problemas de estômago, asma ou apresentar diversos sintomas aparentemente desconexos, quando o que ele precisa, na verdade, é deitar em silêncio e desligar um pouco seu cérebro.

Ascendente ou Lua em Libra

Você vai precisar de um ambiente agradável, calmo e tranquilo – lírios brancos agradam bastante seu senso estético. Libra/Aquário é muito sensível ao ambiente, e como Libra é regido por Vênus, responde melhor à beleza, à harmonia e à concórdia. Pode precisar de algum sutil convencimento para começar a falar, e para isso uma bela bandeja de chá com uma tisana de jasmim será bom. Melhor ainda seria um buquê de rosas ou uma suave massagem com aromaterapia. As coisas precisam ser equilibradas para Libra/Aquário, e ele precisa sentir que tudo está justo. Ele vai querer levar em consideração o ponto de vista de todas as outras pessoas, mas isso pode levar à indecisão, o que vai cansá-lo ainda mais; por isso, seria melhor encontrar apenas uma estratégia para prosseguir.

Ascendente ou Lua em Escorpião

Esta combinação não deixa muita coisa visível. Essa pessoa sente as coisas tão profunda e intensamente que, se você pudesse ver o que está sentindo, ficaria chocado. Cores escuras, vermelho-sangue, anseios profundos. A solução é dar-lhe muito espaço. Um lugar onde ela possa refletir, ponderar e ansiar sem absorver tudo à sua volta, como um buraco negro. Para falar a verdade, se você puder imaginar um buraco negro, não estará muito longe de entender esta combinação. Se você for forte, fique por perto e mantenha-se centrado. Se não for forte o suficiente, vá fazer compras enquanto ele se recupera. Não há muito o que fazer para ajudá-lo, pois ele vai preferir se entregar à emoção. Ele pode escrever um poema, compor uma canção, ficar muito bêbado ou consumir muitas drogas. Ele pode querer vingança, por isso tome cuidado e fique ciente de que se houver outras pessoas envolvidas quando um Escorpião/ Aquário estiver nervoso, cabeças podem rolar. Uma sugestão útil é convencer seu Escorpião/Aquário a escrever uma carta dirigida às pessoas envolvidas, queimando-a ritualisticamente depois. Ajuda bastante fazer coisas radicais como essa.

Ascendente ou Lua em Sagitário

Se você puder visitar uma igreja ou um retiro espiritual, ou conhece um lama tibetano, pode ajudar bastante. O aspecto sagitariano desta combinação precisa entender os porquês e os "portantos" espirituais. Qualquer coisa que alguém ligado à divindade faça pode dar significado às circunstâncias de um Sagitário/Aquário. Ah, e ele pode fazer alguns comentários bem rudes ou pessoais; basta ignorá-los!

Ascendente ou Lua em Capricórnio

Seja prático, realista e livre-se do senso de humor árido. Esta combinação reage bem a boas maneiras e o bom humor, coisas da velha guarda – assistam a um filme clássico em branco e preto antes de discutirem problemas sérios. Primeiro, mantenha tudo que saiu errado sob uma perspectiva sensata. Fale de coisas reais, de dinheiro, dos planos, do futuro. Depois que tiverem uma meta clara para o futuro, vão se animar imensamente. Você terá de discutir a verdade sem se esconder atrás de palavras bonitas. As combinações Aquário/Libra ficam contentes quando todos participam, mas as combinações Aquário/Capricórnio preferem uma solução, um vencedor, um perdedor. Obviamente, preferem não ser o perdedor, mas geralmente eles não esperam muito da vida, e por isso raramente se desapontam. Ficam imaginando que as coisas vão piorar. Procure orientá-lo para a ideia de que é bom divertir-se e desfrutar a vida...

Ascendente ou Lua em Aquário

Qualquer menção a uma instituição de caridade importante vai ajudar, pois Aquário é o signo da autonomia e das coisas que beneficiam a humanidade. Certa vez, recomendei a um cliente que tinha alguém na vida com a Lua em Aquário que desse dinheiro à instituição de caridade preferida dela, pois isso a ajudaria a entender como ele era devotado a ela. Se puder inserir uma parcela mais ampla do mundo na equação, tanto melhor. Verifique se o senso de liberdade e de individualidade da pessoa não foi prejudicado e corrija quaisquer sinais de que isso aconteceu, pois do contrário terá nas mãos uma pessoa em frangalhos.

Ascendente ou Lua em Peixes

Esta é a combinação astrológica da sensibilidade. Por favor, seja gentil com eles. Imagine que são seres com asas muito sensíveis, anjos disfarçados, seres de outro planeta, e você terá uma ideia de como ajudá-los melhor. Eles não vão ouvir o que você lhes disser, e sim sentir, mas você pode achar que não absorveram nada. Mas absorveram, sim. É que leva algum tempo para que suas palavras sejam filtradas através de todas as coisas que estão na cabeça deles. Acenda uma vela, queime incenso, ponha o Tarô dos Anjos ou use qualquer outra forma de adivinhação para ajudá-lo. O I Ching é útil e conheço aquarianos com essa combinação que acreditam mais no oráculo do que numa garantia do banco ou discussões com amigos de confiança. Por isso, aprenda uma ou duas técnicas psíquicas e use-as em proveito de ambos.

Capítulo 8

≈ Táticas de relacionamento ≈

"Relacionar-se com um aquariano é algo que não se pode forçar.
A lealdade é importante para nós, e acompanhar nossa mente,
habitualmente aleatória, pode ser um desafio. Imagino se
normalmente parecemos muito mais profundos do que na
verdade somos – aceite-nos tal como nos mostramos e
acompanhe-nos durante algum tempo, e lentamente
o relacionamento tomará forma."
– Mulher de Aquário

Estratégias para Ajudá-lo a Formar Vínculos com um Aquariano

Suponho que a pergunta que deve ser feita é: por que você quer se relacionar com esse aquariano em particular? Se for por amor, é melhor você se assegurar de que deixou espaço suficiente para que ele faça aquilo de que gosta.

Um dos casamentos mais duradouros de Hollywood foi o de Paul Newman e Joanne Woodward. Ela tinha Sol em Peixes e Lua em Aquário, e ele o Sol em Aquário e a Lua em Peixes.

Apenas esses dois fatores mantiveram-nos juntos por mais de cinquenta anos, até sua morte em 2009.

Entrevistada pela revista *Hello*, Joanne Woodward descreveu seu casamento com Paul como: *"Estar casada com o homem mais romântico e atencioso".* Ele disse: *"Somos pessoas muito, muito diferentes, mas mesmo assim nós nos nutrimos dessas diferenças; em vez de nos separarem, elas tornaram a relação bem mais forte".*

Aqui, portanto, temos a chave para um relacionamento tão duradouro: Joanne permitia que ele fizesse ou fosse aquilo que o deixava feliz, e ele, por sua vez, era atencioso e romântico. O que mais uma garota pode querer?

Adiantemo-nos trinta anos e vamos ao nascimento de Paris Hilton (Sol em Aquário, Lua em Leão e Ascendente em Sagitário), e vamos encontrar alguém que ficou famosa por causa de sua postura rebelde. Da última vez em que foi vista, estava namorando Doug Reinhardt, um libriano com a Lua em Aquário, outra bela conexão Sol/Lua.

A menos que esteja preparado para oferecer liberdade e espaço para o aquariano, não perca seu tempo tentando conhecê-lo, e muito menos namorando-o.

Minha mãe namorou vários homens antes de se acomodar, e registrou em suas memórias, *A Vanished World*: *"Não sei direito o que me fez romper o relacionamento... devolvi o anel sem qualquer explicação adequada... que alívio foi ter escapado da forca".* Isso resume, de certo modo, o pensamento do aquariano sobre: a) a perda da liberdade, e b) não se ter pressa para encontrar o "Homem Certo".

Além disso, como enfatizei em meu primeiro livro, *Como Sobreviver a um Pisciano*, lembre-se do *seu* signo. Não adianta namorar um aquariano se você é de Câncer, para depois ficar reclamando que ele é "frio" e "nada emocional". É como comprar um sorvete e reclamar que ele é gelado. É de se esperar que seja gelado.

"Não gosto quando as pessoas acusam os aquarianos de não serem emocionais – geralmente me sinto emotiva e tenho razoável empatia."

Contudo, você precisa decidir quais emoções servem para você, e depois trabalhar com elas. As emoções aquarianas são cerebrais, baseadas nas áreas de que já falamos (liberdade, diferenciação) e, embora eles sejam emotivos com relação a essas áreas, geralmente se ajustam de maneira fria aos problemas que envolvem compromissos afetivos. Além do mais, depende muito dos outros planetas do mapa, pois um aquariano com muitos planetas* em Peixes vai lidar com a vida de uma forma bem mais pisciana do que aquariana.

Devo enfatizar, porém, que relacionamentos afetivos e casamento não são algo muito problemático para os aquarianos. Eles sabem o que querem, sabem do que gostam e é pouco provável que namorem alguém só por namorar. Não é um item no topo de sua lista de prioridades.

Seu Filho Aquariano

Suponho que as maiores reclamações que os pais podem ter com relação a um filho aquariano é a recusa a aceitar ordens e

---

* E/ou o Ascendente. (N. do T.)

〰 Táticas de relacionamento 〰

seu modo esquisito de ver a vida. Excetuando-se isso, não há muitos problemas em se ter um filho de Aquário.

Eis uma jovem de 18 anos falando de si mesma: *"Sou aquariana. A independência é uma característica importante, sou rebelde quando me limitam, tenho opiniões, sou inteligente, sou tímida, sou sensível, tenho um grande coração, apoio diversas causas, sou realmente apaixonada por minha futura carreira, sou meiga, preocupo-me com muita gente e gosto da minha família".*

E eis o que diz a mãe de uma aquariana de 5 anos: *"Minha filha é aquariana e é muito independente e amável. Desde que aprendeu a emitir um som, tudo foi sempre 'Posso fazer sozinha'. Ela não gosta da ajuda de ninguém e, embora seja um doce, é tranquila, esperta e não gosta de brincar sozinha, ela precisa ter outras pessoas por perto. Ela tem uma ótima personalidade".*

Eis outra pessoa falando de sua filha aquariana de 9 anos: *"Ela é esperta, muito curiosa, supercriativa e amiga de todo mundo".*

Como disse repetidamente e torno a dizer agora, tudo depende de conhecer não apenas o signo e as características de seu filho ou parente, mas também do seu signo, compreendendo seus próprios medos, esperanças e aspirações. Uma das coisas mais úteis da Astrologia é que você aprende tudo a seu respeito, e por isso o conhecimento de seu íntimo será valioso quando você quiser conhecer melhor seu filho.

Se o seu signo é de Fogo, seu filho aquariano vai se encaixar alegremente na unidade familiar, procurando coisas excitantes, ativas e animadas.

Se você é um progenitor de signo de Ar, seu pequeno aquariano vai parecer uma joia rara e não vai fazer nada de errado (na maior parte do tempo). Os problemas podem ocorrer se você for um progenitor de signo de Água ou de Terra, e vou explicar a diferença.

Se você é de Touro, Virgem ou Capricórnio, seu pequeno e alegre aquariano não vai parecer tão alegre quando começar a crescer e a ter voz própria.

Se você é taurino, vai querer que as coisas se desenvolvam lenta e firmemente, com o jantar na hora certa, cada problema cotidiano com uma solução prática e dinheiro suficiente para não se preocupar. Não é assim que os aquarianos funcionam. Eles não fazem as coisas com persistência, estão animados num dia e, no seguinte, estão em coma. Têm ideias maravilhosas e estranhas, que precisam ser discutidas e comprovadas. No fundo da sua mente, você vai se preocupar com o nível de veracidade de seu filho... mas no que diz respeito a ideias, a verdade não entra em jogo.

Se você é de Virgem, vai se preocupar com a saúde de seu aquariano, com suas amizades, a saúde dos amigos, e eu reitero *se preocupar*. Sim, você vai se preocupar. É o que virginianos fazem. Aquarianos não (a menos que tenham Ascendente em Virgem, planetas ou Sol na sexta casa)... por isso, console-se com a ideia de que seu filho vai parecer difícil, e diferente de você.

Se você é de Capricórnio, pode achar seu filho diferente, mas de modo geral isso não vai perturbá-lo a ponto de mudar seu estilo de vida.

Se você é de Câncer, vai cuidar muito bem dele, mas por favor, não espere que seu filho aquariano seja tão emotivo quanto você. Ele não consegue. Não está na natureza dele.

Se você é de Escorpião, podem ter certos conflitos, mas em alguns níveis vocês terão respeito mútuo, e se você é de Peixes... leia antes meu primeiro livro, *Como Sobreviver a um Pisciano*.

Seu Chefe Aquariano

Se o seu chefe é um verdadeiro aquariano, e não um capricorniano ou um pisciano disfarçado (as pessoas confundem os três signos porque seus começos e finais são muito próximos), provavelmente lhe dará bastante espaço, deixará que você desenvolva ideias e permitirá que você siga suas estratégias. Além disso, é pouco provável que você tenha um chefe aquariano, não no sentido comum do termo, pois muitos aquarianos são autônomos. Na verdade, em função de sua natureza esquisita, ficarem presos a um cargo das nove às cinco não é algo que façam de bom grado. Talvez, se tiverem muitos planetas em Capricórnio ou Áries, você os encontre trabalhando e galgando os degraus das promoções, mas é algo raro. Na história da Inglaterra, apenas dois aquarianos ocuparam o trono; curiosamente, eram mulheres. A rainha Mary I tinha a Lua em Áries e a rainha Anne, a Lua em Escorpião.

Não, um chefe aquariano é um ser raro e peculiar. Se você descobrir que o seu chefe é um deles, verá que sua vida profissional num instante é uma rotina e no seguinte muda subitamente, pois seu chefe aquariano se inspira em alguma coisa e quer que você o acompanhe em sua "ideia nova e excitante". Às vezes, eu me pergunto se há muitos aquarianos na informática, mas não tenho estatísticas para embasar isso. Basta dizer que seu chefe aquariano vai lhe dar as mesmas coisas que ele mesmo deseja, como liberdade de ideias, espaço para pensar, novas ideias e amizade.

Conheço um aquariano que tem um café e que ao longo dos anos teve diversos funcionários. Sua família também o ajuda, mas suas ideias e inspiração provêm desses funcionários que

~~~ Como se relacionar com um Aquariano ~~~

trabalham com ele em sua pequena cozinha. Ele gosta de se divertir e não se preocupa com a origem deles, desde que sejam pessoas esforçadas. Ele faz amizade com todas as pessoas que vai conhecendo, gosta de ouvir delas as ideias mais novas, mas está sempre fazendo aquilo que ele quer, os pratos que gosta de cozinhar – enfim, faz as "suas coisas" sem alardear suas realizações. Ele passou a vida profissional num espaço que não tem mais do que um metro e meio por dois e pouco. Isso não o incomoda, pois seu dia é tomado por clientes diferentes, funcionários diferentes (pois mais cedo ou mais tarde, eles saem e conseguem empregos "adequados", ou se casam, ou deixam a faculdade ou vão viajar) e por essas importantes ideias diferentes. Essas coisas são sua carne e seus legumes, e não o cardápio. Ele vai trabalhar de bicicleta. Mesmo nesse ambiente aparentemente doméstico de alimento e família, ele ainda mantém seus ideais aquarianos de liberdade e de ideias. Como chefe, seus funcionários aprendem rapidamente aquilo de que ele gosta ou não gosta, e ele está sempre interessado em suas vidas e na vida de suas famílias. Seu Ascendente é Escorpião, e por isso, quando sente sua privacidade ou sua liberdade atacadas, ele reage rapidamente.

Uma aquariana disse que gostava de trabalhar em universidades, pois nesse tipo de ambiente não há chefes e nem subalternos, todos trabalham em torno de um conceito similar: Conhecimento. *"As universidades são os lugares mais interessantes em que trabalhei. Gosto de fazer alguns cursos extras de vez em quando. Interesso-me por filosofia e tenho algumas qualificações na matéria, junto com minha formação científica. Gosto de trabalhos interessantes, que não são muito rotineiros".*

Assim, fique feliz por ter um chefe aquariano, comporte-se, aja sensatamente e aguarde esses momentos esquisitos nos quais as coisas parecem ter passado para um universo paralelo.

Sua Namorada Aquariana

Bem, uma coisa é certa: nem pense em tirar seu senso de liberdade. Uma aquariana cativa é um pouco como uma ave numa gaiola – bonita de se ver, mas ansiando pela liberdade perdida.

Eis uma aquariana falando do processo de vinculação: *"Não gosto da palavra vinculação, faz com que me sinta como que acorrentada, quase forçada".*

Namorar uma aquariana não é difícil: se você for interessante ou interessado, ela vai querer a sua companhia. Aquário é um signo fixo e não gosta de muitas mudanças. Mas para namorar uma aquariana, você precisa ter:

a) uma opinião
b) um ponto de vista

A maneira mais rápida de afastar uma aquariana é ser sufocante ou ciumento (a menos que ela tenha muitos elementos em Câncer ou Escorpião no mapa). Simplesmente, não dá certo. Você também vai precisar de um meio de transporte para que possam visitar alguns lugares, algum dinheiro para pagar o chá e certo entusiasmo por aquilo que você faz. Se você namora uma aquariana, ela não vai se preocupar com sua aparência ou sua roupa – isso é com librianas e leoninas –, mas vai querer conhecer seu processo mental e ver se é parecido com o dela.

Vocês pensam segundo as mesmas linhas? A liberdade faz parte de seu vocabulário? Você está fazendo alguma coisa diferente, ou de maneira diferente?

Não sei onde li o que vou dizer agora, por isso me desculpe se você escreveu isto – certamente não fui eu: um aquariano gostaria de visitar um abatedouro porque seria diferente. Não é como o geminiano que gosta de mudança pela mudança; o aquariano quer algo diferente, algo que não é para as massas. Não é convencional. Não é o mesmo que para os demais.

Se quiser namorar uma aquariana, sugiro que antes descubra quais são os seus interesses principais. Além disso, não se preocupe com quem você é ou com o que faz para se sustentar. Essas coisas não são importantes para uma aquariana. Importante é "o ideal" que vocês vão compartilhar e deve ser algo que você *pode* compartilhar, ou seja, o ideal, a ideia.

Para entender o que uma aquariana busca num relacionamento, pensei que o melhor lugar para encontrar a resposta seria um site de namoro. Como essas pessoas não sabem que estive lendo o que disseram, e para garantir que não estou infringindo nenhuma lei de direito autoral ou licença, incluí apenas as partes principais de seus perfis e as coisas que elas acham mais importantes quando buscam um companheiro.

Na primeira parte deste (longo) perfil, a moça em questão descreve seus gostos e aquilo que ela faz. Ela informa sua idade e faz uma descrição física, e diz que gosta de teatro, cinema, arte, música e *"até de um pouco de dança"*. Diz ainda que gosta de uma noite *"em boa companhia, boa comida e uma boa garrafa de vinho, um DVD e/ou música e de alguma provocação".*

Bem, a menos que você seja astrólogo, como eu, vai pular essas palavras e pensar que elas se aplicam à maioria das pessoas. Mas o começo da descrição inclui coisas que essa moça faz sozinha, como caminhadas... ela não diz que gostaria de *compartilhar* essas coisas com alguém. Lembre-se, tome nota daquilo que as pessoas dizem e também do que não dizem. Mais adiante, ela menciona os pontos críticos em que o Cara Certo (se é que ele existe) precisa prestar atenção caso queira que essa moça fique contente: *"Adoro animais (especialmente meu gato e meus dois porquinhos-da-Índia) e sou apaixonada pelo bem-estar dos animais".* Esta é uma pessoa apaixonada pelo "bem-estar dos animais". É a assinatura aquariana de apoiar certas liberdades, nesse caso a liberdade dos animais para que vivam felizes. Então, este seria um caso de "ame-me, ame meus bichos de estimação". Você teria de amar os bichinhos da moça. Consegue fazer isso?

Tendo usado alguns parágrafos para falar sobre si mesma, ela passa a descrever o seu "homem ideal": *"Idealmente, desejo encontrar minha 'alma gêmea' para compartilhar minha jornada de vida, alguém aberto e honesto para consigo mesmo e com os outros, e que tem coração e espírito generosos, é atencioso, bondoso e humanitário (ou que é aberto e consciente, e se esforça por ser essas coisas). Procuro ainda conversar com pessoas que pensam como eu, compartilham interesses e crenças similares, pessoas abertas, amigáveis e que talvez queiram apenas falar da vida e do Universo".*

Ela mencionou mais de uma vez que gosta de "conversar", e por isso a conversa é importante para ela. Perceba como ela foge de ter de descrever o homem ideal... procura *"conversar com pessoas que pensam como eu"*. Faça uma anotação mental bem grande. Essa moça não está procurando um homem profundo, monogâmico, íntimo, intenso, agradável, passional, excitante, inspirador. Se você é de Escorpião ou Câncer ou de qualquer signo de Água, CAIA FORA! Ela quer fazer parte do grupo, do grupo que tem *"interesses e crenças similares"* – o que ela quer são ideias e coisas cerebrais. Ela não quer que você fique choramingando perto dela, com o coração partido por ter ficado sem vê-la por alguns dias, preocupado porque ela saiu de novo com os amigos e porque ela não respondeu aos seus telefonemas.

No próximo exemplo, a mulher começa descrevendo o que ela quer: *"Eu adoraria conhecer minha alma gêmea"*, o que não tem nenhum significado prático. Todos querem conhecer uma alma gêmea (a menos que tenham lido *Hands Across Time: The Soul Mate Enigma*, de Judy Hall).[6]

Mais adiante, ela usa palavras-chave de Aquário, como *"Também sou forte e independente, adoro um desafio e gosto de minha própria companhia".*

E depois, descreve com detalhes o homem ideal: *"Deve ser bem-sucedido, com integridade e um grau de humildade, motivado e positivo, com senso de humor, respeitoso, confiável e que não fique julgando os outros; um homem forte e confiante, com talento para lidar com pessoas; espiritualizado mas com pés no chão, bem-educado e filosófico com relação à vida, com profundidade de caráter para enfrentar os desafios da vida, sendo gentil, apaixonado e sem medo de compromissos".*

Uau, será que algum ser humano pode ser tudo isso? Essa mulher está descrevendo claramente as qualidades daquilo que ela imagina que deseja, mas que provavelmente nunca irá encontrar, pois não são baseadas em fatos, mas no bom e velho "ideal" aquariano. Ela encerra seu texto com estas palavras claramente aquarianas: *"Inicialmente, espero fazer contato com alguém que goste de conversar e caminhar, ir ao cinema/teatro ou qualquer outra ideia brilhante e, se a relação se mantiver como amizade, não há problema".*

Ela não acha um problema se a relação se mantiver como amizade, **porque na verdade o que ela quer mesmo é a amizade.**

Caso você ainda necessite de outras evidências acerca das necessidades da aquariana, ou de seu perfil, eis mais um exemplo. Essa mulher começa sua descrição e, apenas duas frases depois, diz: *"Preocupo-me com o meio ambiente e envolvo-me em campanhas por justiça social".* Um pouco adiante, outra frase importante para entender o que ela quer que ambos façam nesse relacionamento: *"apoiarem-se mutuamente para desfrutar de suas próprias individualidades".* No exemplo, essa mulher mantém-se fiel ao verdadeiro tema aquariano: individualidade. Apresso-me a lembrar que não conheci essas pessoas, elas estavam num site de namoro.

No exemplo seguinte, mais evidências do modo como os aquarianos se veem: *"Meu cérebro e o das outras pessoas funcionam de modo diferente – eu vejo um ângulo alternativo, que nem sempre é o melhor, mas pelo menos a vida nunca é enfadonha."*

E finalmente, essa senhora fez com que eu me perguntasse o que ela estava fazendo num site de namoro. Tive a impressão de que ela estava procurando mais uma companhia do que um companheiro.

"Adoro animais, tive cavalos, agora tenho cães faz alguns anos, moro sozinha com apenas um cachorro. Gosto de desafios, gosto de viajar; embora viaje sozinha, prefiro ter companhia para compartilhar as experiências."

Ela disse que gosta de "compartilhar experiências". Não fala nada sobre lavar meias, levar as crianças à escola, acordar às cinco horas da manhã para dar mamadeira ou limpar o banheiro, e por isso não são mulheres que estão querendo formar uma família. Também não fala nada de cozinhar; por isso, se você é taurino, ela não vai servir. Muitas de suas descrições foram de ideias e ideais. Salvar o planeta, pessoas com a mesma cabeça, ideias esquisitas... elas querem fazer parte de um grupo, e não de um relacionamento monogâmico fiel, prático e emocional.

Como mencionei antes, tenho duas irmãs aquarianas. Minha irmã mais velha começou a namorar um aquariano enquanto eu escrevia este livro, e ela fez um poema sobre o início desse relacionamento.

Um Verão Úmido (Dois Aquarianos)

A estrada é um rio à sua porta.
O jardim ficou ensopado.
As lesmas deixam trilhas na estufa
e acabei de espremer um copo de água da minha meia.

Achei que era desjejum mas é hora do chá.
Hoje faz três dias que estamos sem sol.
A luz é verde como a submarina;
as colinas e os campos estão perdidos na umidade.

≈ Táticas de relacionamento ≈

Não façamos nada. Mas bebamos Sauvignon Blanc
e joguemos toras molhadas na lareira fumegante.
Ou não nos levantemos, fiquemos na cama e comparemos
artelhos, unhas, narizes. Não estamos em férias.
Isto é o verão lavando a calha.

O que é aquela coisa amarela e esquisita? É o sol!
Não, não é. Ele foi apagado pela nuvem cinzenta seguinte
que despeja granizo no telhado de palha.
E agora a tarde respinga na noite
e Oh! estamos fazendo sexo de novo.

Está tão escuro que não consigo ver a mobília ou seu rosto,
mas posso sentir você. Posso sentir você. Pensei que podia
escapar de mim mesma?
Dentro de mim há um oceano, índigo e profundo.
Inexplorado. Esquecido. Imóvel.

Tenho sonhos estranhos. Meus amores passados em fila
ficam rindo de mim. Sua esposa falecida está nua
no jardim ao luar. Não posso
ouvir o que ela diz. Creio que é, "Não vá lá".

Mas me lembro do sol. Correr ao sol
numa praia de areia branca e quente.
Direto para a água. Direto para as ondas.
E você já saiu nadando. Para além das ondas.
Além da rebentação e depois se virou e olhou para trás
para as pessoas como manchas de cor na praia?
E quando você se entregou a uma curva de calor

sentiu sob o corpo o peso da água fria e escura?

Índigo e profundo.

Inexplorado. Esquecido. Imóvel.[7]

Em meu trabalho, passo muito tempo conversando sobre relacionamentos com as pessoas. Para mim, os relacionamentos são o elemento vital dos seres humanos. Se nossos relacionamentos vão bem, tudo o mais parece estar no lugar, mas se nossos relacionamentos pessoais e íntimos passam por dificuldades, então a vida pode ficar bem mais dura. Algumas pessoas entram em relacionamentos com a mesma facilidade com que se apaixonam ou deixam de amar. Tendo trabalhado nisso há tanto tempo, percebi que há duas coisas em jogo: a natureza humana e suas interações; e, as tendências da época.

Seu Namorado Aquariano

Agora, vou lhe dar alguns conselhos, conselhos atualizados sobre os homens de Aquário.

Para que você compreenda o conceito aquariano do ponto de vista de ambos os sexos, incluí aqui alguns exemplos de um site de namoro para que você possa compreender as qualidades que um aquariano procura.

Meu primeiro exemplo me fez sorrir quando o li, pois não poderia ter sido mais aquariano. Ele foi honesto e começou o texto assim: *"Não tenho a intenção de enganar ninguém, por isso vou dizer logo de cara que estou aqui inicialmente para buscar amizades femininas, e não um relacionamento pleno".*

Ele prossegue dizendo o que espera de uma parceira, tendo dito no início que não quer um "relacionamento pleno": *"Portanto, se você é uma dama calma, atenciosa e de coração aberto, que gosta de falar daquilo que quer ou deseja, sente-se confortável em seus jeans e pulôver e que pode gostar também de se vestir melhor de vez em quando, e que sente empatia por aquilo que escrevi aqui, então creio que podemos nos entender. Porém, você terá de ler o resto do texto antes, pois mesmo numa amizade, você vai precisar me conhecer um pouco. Moro sozinho numa cidade pequena. Sou ativo mas não sou esportivo, e se você procura um parceiro para dançar, velejar, escalar montanhas ou jogar golfe, desculpe, não sou o sujeito para você. Gosto de fotografia, de caminhadas pelo litoral ou pelo campo, e de cozinhar. Sempre fui razoavelmente doméstico e gosto do meu espaço, mas aprecio a companhia feminina para caminhar, ficar sentado à luz de velas, do lado da lareira ou ao ar livre, no verão, conversando e bebendo um copo de vinho, ou então de um abraço! (desculpe, tinha de dizer isso, eu gosto mesmo de um abraço!)"*

Este sujeito em particular está sendo completamente honesto quanto àquilo que ele deseja. Ele quer alguém para acompanhá-lo em caminhadas, conversar, abraçar um pouco... e é isso. Alguma diferença com relação ao que as mulheres da seção anterior diziam? Nenhuma diferença. É exatamente a mesma coisa. A base são as ideias...

No exemplo a seguir, o cavalheiro descreve sua altura e sua localização, e depois diz: *"Gosto de cuidar do meu jardim (não está lá muito arrumado!), de história, filmes, ciclismo e yoga. Tenho viajado bastante, mas será que devemos continuar a fazê-lo? Interesso-me muito por alimentação saudável, o programa sobre comida na Rádio 4 é o meu favorito. Gosto do meu espaço, mas tenho mais do que suficiente no momento e gostaria de conhecer alguém com interesses similares para poder compartilhar".*

Mais uma vez, no exemplo anterior, os interesses e temas aquarianos fazem tanto parte da vida desse homem que ele é quase o resumo do signo. Basta uma breve descrição daquilo que ele deseja:

"Minha bagagem é pequena – minha alma gêmea e companheira de viagem deve gostar da verdade, da abertura e de uma intimidade discreta".

Depois ele dispara suas qualidades e fala daquilo que o entusiasma. Preste atenção nas palavras que destaquei, pois elas representam os principais elementos desejados pelos homens aquarianos:

*"Procuro ter consciência de mim mesmo e do outro. Sou vegano, ciclista, tenho um forno a lenha, gosto de simplicidade e de alimentos saudáveis e abundantes. **Trabalhei com energia e clima** por 25 anos, inicialmente como pesquisador e analista, mas agora dou cursos e escrevo. Estou prestes a me mudar para **morar numa comunidade**.*

*Sou um pouco complicado, o que me deixa razoavelmente sensível, interessado e empático com relação às complexidades alheias. Para mim, **o paraíso** são **conversas** longas, lentas e íntimas, e ouço atentamente, sem premissas e sem tirar conclusões apressadas – a sensação de realmente conhecer alguém, de explorar **experiências e ideias**.*

*Meu trabalho envolve o apoio a uma rede nacional de **grupos** que exploram **vida sustentável**, a gestão de seminários e de* *cursos destinados a dar forças para pessoas que querem reagir às mudanças climáticas, e a atividade de escrever.*

*Estar num caminho espiritual pessoal e compartilhado é muito importante para mim. Minha compreensão disso vem, em parte, do budismo e do taoismo, mas meu compromisso básico é como Quaker. Estou muito envolvido em minhas **reuniões** locais e pratico diariamente. Para mim, uma das coisas mais mágicas nas reuniões Quaker é a sensação de que podemos desenvolver uma espécie de **consciência coletiva** – o que, para mim, liga-se à sustentabilidade e à necessidade de desenvolver uma **vontade coletiva**. Fico fascinado por psicologia, mito, espiritualidade, cultura, e tenho tendência a ler livros sérios, bem lentamente.*

*Para mim, as melhores férias são em um **retiro silencioso** com muitas **caminhadas** e boa comida. Às vezes, viajo para o exterior, mas não de avião".*

Este homem não está procurando uma pessoa, está procurando ideias. Ele quer confirmações para suas ideias pessoais sobre sustentabilidade, quer que suas crenças religiosas sejam reconhecidas e que seu desejo de conexão com a "consciência coletiva" seja compartilhado com alguém. Ele não está preocupado com a cor dos cabelos da parceira, suas formas ou seu país de origem. Ela precisa ter ideias semelhantes. Mencionei, no início deste livro, que os aquarianos querem ser indivíduos, mas que também querem estar conectados, e é bem difícil conseguir isso. E neste caso, novamente, ele quer uma pessoa com as *mesmas ideias que ele*, porque o que o *motiva* são as ideias.

Uma de minhas clientes geminianas ficou frustrada com isso e disse: *"Lembro-me de dizer insatisfeita para meu parceiro* *(que tem a Lua em Aquário combusta* com o Sol em Aquário, em conjunção com Mercúrio em Aquário, junto com Vênus em Aquário, tudo na décima segunda casa), 'Você prefere uma teoria à verdade!!'"*

O que fazer quando seu relacionamento aquariano termina?

Como Aquário é um signo tão cerebral, o fim de um relacionamento pode ser muito perturbador para parceiros de signos de Água ou de Terra. Se o seu signo for de Ar ou de Fogo, pode ser algo frustrante, explosivo e irritante.

Vou dividir esta seção nos quatro Elementos, pois isso vai lhe permitir ponderar sobre a tática mais adequada para você.

Se o seu signo é de Fogo: Áries, Leão ou Sagitário, e você está sofrendo os efeitos colaterais de um relacionamento com Aquário, este é o meu conselho.

Compre uma vela, pode ser de qualquer tipo, mas o ideal mesmo seria uma pequena vela noturna, acenda-a e recite:

"Eu... (seu nome) deixo você (nome do aquariano) ir, em liberdade e com amor, para que eu fique livre para atrair meu verdadeiro amor espiritual".

Deixe a vela num local seguro para queimar – uma hora já é suficiente. Cuidado para não sair de casa, fique de olho nela.

Depois, ao longo dos próximos dias, reúna quaisquer objetos pertencentes a seu (agora) ex e deixe-os na casa de seu (ex) aquariano ou doe-os à caridade.

Se tiver fotos, não se apresse em rasgá-las na hora, como alguns signos de Fogo costumam fazer. Anos depois, quando se

---

* Diz-se do planeta que está em conjunção muito próxima ao Sol. (N. do T.)

≈≈ Táticas de relacionamento ≈≈

sentir melhor com a situação, pode se arrepender de não ter lembranças dos momentos felizes (talvez poucos) que tiveram juntos. Quando tiver forças, mantenha algumas das melhores fotos e livre-se das outras.

Se o seu signo é de Terra: Touro, Virgem ou Capricórnio, você vai se sentir menos propenso a fazer alguma coisa drástica ou extrema (a menos, é claro, que sua Lua esteja num signo de Fogo...)

O fim do seu relacionamento deve envolver o Elemento da Terra, e isso pode ser feito com o emprego de cristais.

Os melhores a se usar são aqueles associados com o seu signo solar e também com a proteção. Os cristais a seguir são considerados de proteção, mas também são as pedras preciosas relativas ao signo natal.[8]

Touro = Esmeralda

Virgem = Ágata

Capricórnio = Ônix

Pegue o cristal e lave-o em água corrente. Embrulhe-o num lenço de papel e vá caminhar pelo campo com ele. Quando encontrar um lugar apropriado, faça um pequeno buraco e coloque o cristal no chão. Pense no modo como seu relacionamento terminou. Lembre-se dos bons e dos maus momentos. Perdoe-se por quaisquer erros que você acha que cometeu. Imagine uma bela planta crescendo onde você enterrou o cristal, uma planta que floresce e cresce com vigor. Este é seu novo amor, que estará com você quando chegar o momento certo.

Se o seu signo for de Ar: Gêmeos, Libra ou Aquário, talvez você queira conversar sobre o que aconteceu antes de sucumbir ao fim do jogo. Os signos de Ar precisam de razões e de respostas, e podem desperdiçar uma preciosa energia vital procurando essas respostas.

Antes de tudo, perdoe-se pelo fato de o relacionamento ter terminado. Não foi culpa de ninguém, e o tempo vai curar as feridas. Quando estiver se sentindo melhor e seus pensamentos estiverem claros, pegue uma folha de papel e escreva uma carta para seu (ex) aquariano. Você não vai mandar essa carta pelo correio, por isso pode ser o mais sincero possível.

Escreva-lhe da seguinte forma:

"Caro aquariano,
Sei que você está feliz agora que tem uma nova vida, mas queria que você soubesse e entendesse algumas coisas que você ignorou enquanto estávamos juntos".

Então, relacione fantasias, hábitos, ideias e sonhos incômodos a que seu (ex) aquariano se dedicava. No alto da lista pode estar a incapacidade de compreender de fato suas necessidades, ou talvez sua "frieza" ou falta de empatia.

Não deixe de lado nenhum detalhe, por menor que seja, até as escovas de dentes no banheiro e as diversas vezes em que ele disse coisas como "vamos morar na França!" ou "Por que não compramos uma tenda?".

Escreva até dar vazão a todos os seus sentimentos, e encerre sua carta com algo similar ao seguinte:

"Embora tenhamos passado por um verdadeiro inferno juntos e nunca tenhamos concordado com nada, eu não lhe desejo mal", ou algum outro comentário positivo.

≈ Táticas de relacionamento ≈

Depois, leve a carta para algum lugar ventoso, alto, fora da cidade, de preferência onde você não sofra interrupções. O alto de uma colina com uma bela vista, um cais de porto num dia de tempestade, perto de um despenhadeiro, mas seja sensato e não se exponha a nenhum risco pessoal.

Leia novamente a sua carta. Certifique-se de que concorda com tudo o que está escrito nela, e depois, cerimoniosamente, rasgue uma pequena parte da carta nos menores pedaços possíveis, e deixe esses pedacinhos serem levados pelo vento. Não creio que seja uma boa ideia dispor de toda a carta dessa forma, porque: a) ela pode ser bem longa e você pode ser acusado de sujar o ambiente, e b) corre ainda o risco de ela ir parar num lugar inconveniente. Portanto, guarde o resto dela.

Quando chegar em casa, queime o resto da carta em segurança, num cinzeiro, ou coloque-a no triturador de papel e jogue as aparas no cesto de reciclagem.

Se o seu signo for de Água: Câncer, Escorpião ou Peixes, sua recuperação será um pouco mais difícil. Você pode ficar deitado e acordado à noite, perguntando-se se fez a coisa certa ao terminar o relacionamento, ou sentindo-se profundamente magoado pelo fato de o relacionamento ter acabado. Não se abale. As coisas vão melhorar, mas você precisa conseguir superar essas primeiras semanas, as mais difíceis, sem ficar chorando o tempo todo.

Sua cura emocional precisa incluir o elemento Água. Desse modo, seguem algumas sugestões.

Eis um modo poderoso de curar a ferida emocional que resultou no fim desse relacionamento. Ele lhe permite usar a parte de você que está mais "sintonizada" com a questão.

≈ Como se relacionar com um Aquariano ≈

Isso envolve suas lágrimas. Da próxima vez que sentir que vai chorar, recolha suas lágrimas num frasco. Não é tão difícil quanto parece. Lá está você, as lágrimas rolando rapidamente, ameaçando inundar o mundo; você só precisa que uma dessas lágrimas caia num copo de água. Recomendo que use um copo bonito, interessante, que tenha algum significado para você.

Certifique-se de que a lágrima caiu nele, e então preencha-o com água até chegar quase na borda. Coloque o copo sobre uma mesa, talvez com uma vela acesa, talvez com uma foto de vocês dois juntos – o que for mais adequado para você – e recite o seguinte:

Este adorável relacionamento com você: .... terminou.
Estendi-me através do tempo e do espaço para chegar até você,
Minhas lágrimas vão lavar a dor que sinto
E tirar você do meu coração, mente e alma
Partamos em paz.

Depois, beba lentamente a água.

Passe as próximas semanas comentando como você está se sentindo com alguém que se importa com isso. Se não houver alguém que desempenhe esse papel na sua vida, pense num conselheiro ou terapeuta. A Técnica de Libertação Emocional (EFT – Emotional Freedom Technique) encontrada no site www.emofree.com* é muito útil nessas situações. É uma técnica fácil, que você pode aprender em casa.

---

* Existe uma versão brasileira do site: www.emofree.com.br. (N. do T.)

Táticas de relacionamento

Seu Amigo Aquariano

Se Deus fosse inventar o amigo ideal, ele teria em mente algum aquariano. Aquário vive e respira a amizade. São maluquinhos, podem ser espontâneos, adoram uma discussão, procuram e fazem coisas diferentes, vão a lugares que ainda não conhecem. Vão acompanhá-lo alegremente até os confins do mundo, desde que você os deixe simplesmente "ser". Quando você começar a lhes dar conselhos ou a fazer sugestões, ou a criticá-los sobre suas estranhas e maravilhosas escolhas de roupas/ passatempos/ amigos/ casa... eles vão largar você.

Se vocês tiverem algum interesse em comum, parabéns. Eles acham tudo e todos interessantes. A questão é, por quanto tempo?

Eles precisam de espaço próprio, por isso não os coloque entre multidões. Além disso, têm suas opiniões (todos os signos de Ar têm); portanto, ouça-as. Eles não gostam de argumentações (isso é com os librianos) ou de coisas que mudam demais (coisa de geminianos), mas gostam de uma boa discussão ou debate.

Eis uma geminiana falando de sua amiga aquariana:

"Ela é sempre muito positiva, sempre com um sorriso. É ela que sempre me diz alguma coisa para me fazer sorrir, mesmo quando estou deprimida, e nunca faz isso de maneira forçada, é uma coisa natural. O que percebi de comum entre os aquarianos que conheço é que estão sempre alegres, fazendo as pessoas à sua volta sorrir, e são um pouco 'malucas' (no bom sentido)".

⚒ Como se relacionar com um Aquariano ⚒

Agora, temos o depoimento sobre amigos estranhos. Outra geminiana falando de sua filha:

"Os aquarianos parecem adorar o fato de ter amigos estranhos. Quando minha filha (Sol e Vênus em Aquário, mas não em conjunção) tinha entre 11 e 13 anos, sua palavra predileta era 'estranho'" Ela parecia atrair e ser atraída por pessoas incomuns, ou muito diferentes, ou até doidas".

Às vezes, penso que sem a esquisitice aquariana o mundo seria um lugar bem monótono. Quem, senão um aquariano, poderia ter pensado – ou mesmo escrito – um poema chamado *Jabberwocky*?

Twas brillig, and the slithy toves
Did gyre and gimble in the wabe;
All mimsy were the borogoves,
And the mome raths outgrabe.*

Charles Lutwidge Dodgson, também conhecido como Lewis Carroll, escritor maravilhosamente talentoso, estranho e original, tinha Ascendente Sagitário (otimista, positivo, confiante), Sol na terceira casa (boa comunicação) e Lua em Sagitário (exploração emocional e aventureira de coisas excitantes, mesmo que isso implicasse incomodar algumas pessoas).

Esse poema foi escrito originalmente para uma revista que ele criou para seus familiares mais próximos e se transformou em

---

* Era briluz. As lesmolisas touvas/ roldavam e reviam nos gramilvos./ Estavam mimsicais as pintalouvas,/ E os momirratos davam grilvos. (*Jaguadarte*, tradução de Augusto de Campos, disponível em http://brasillewiscarroll.blogspot.com.br/2009/09/jabberwocky-in-portuguese.html).

≈ Táticas de relacionamento ≈

algo que hoje é usado em escolas para demonstrar o ritmo e a métrica da poesia, embora com o emprego de palavras inventadas.

Eis uma pisciana falando de seus amigos aquarianos:

> *"Adoro-os, eles são esquisitos! Dei para minha melhor amiga, uma aquariana, um par de meias desencontradas de aniversário! Para mim, eles são carismáticos!"*

Esta virginiana falou dos aquarianos com quem trabalhou. Ela achou difícil entendê-los: *"Tenho de admitir que isto vem do signo de Virgem, e portanto são apenas meus sentimentos e pensamentos virginianos sobre as pessoas de Aquário que conheci em minha vida! É um dos signos que realmente me intriga e que nunca compreendi plenamente, embora nunca tenha tido um parente ou amigo mais chegado que seja do signo de Aquário. Creio que existe uma boa razão para isso, especialmente pelo fato de ter percebido que os aquarianos que conheci são bem difíceis de se 'conhecer'. Não posso falar muito dos homens, pois na maioria eram mulheres de Aquário, mas eis como eu as entendi:*

A primeira coisa que me vem à mente é 'incomum'. Para mim, são muito inteligentes, mas com uma visão de vida diferente daquela adotada pela maioria das pessoas. Elas veem coisas que os outros menosprezam, os detalhes. Não receiam argumentar com alguém, especialmente se acreditam que têm um ponto a provar. Podem ser extremamente compassivas, por um lado, e depois virar de lado e ser devastadoramente cruéis por outro, fazer pouco caso das pessoas ou chocá-las quando lhes convém. Entretanto, sabem quando foram longe demais e tentam corrigir a situação a seu próprio modo. Seu senso de humor pode ser um pouco dis-

torcido, mas elas gostam de se divertir e de passar bons momentos sempre que possível, e, na maior parte do tempo, são boa companhia. Amam as pessoas e o mundo como um todo, mas não são tão boas com as pessoas que as cercam quando estão sozinhas com elas.

Isso se aplica até às crianças – as aquarianas não têm problemas para demonstrar afeto pelos filhos dos outros, mas não são dadas a demonstrá-lo pelos seus, e a impressão que tenho é que algumas preferem não ter filhos e serem livres de tudo aquilo que as prende e as une – e nisso elas me lembram os sagitarianos.

Existe a tendência para recorrer às drogas e ao álcool para fugirem dos problemas. Elas nunca falam de suas emoções ou problemas, e quando o fazem é de maneira muito abstrata, como se não fossem delas. Têm um jeito espantoso para lidar com computadores e máquinas, e são pacientes quando mostram para os outros como devem fazer as coisas. Tendem a trabalhar muito e se orgulham do que fazem, atraindo a atenção dos superiores e conseguindo com facilidade aumentos e promoções. Têm muitos amigos e costumam ser populares, mas mesmo assim essas pessoas mantêm alguma distância dos outros. Um aspecto que realmente se destaca é sua honestidade. Elas não parecem capazes de enganar ninguém, como se isso não estivesse nelas. Isso aparece quando elas estão defendendo algo em que acreditam e sempre procuram defender os mais fracos, mesmo às suas custas, e provavelmente essa é sua maior qualidade.

Para resumir: quando são boas, são ótimas, mas quando são ruins, bem...

Como você pode depreender desse resumo, essa mulher de Virgem, um signo de Terra, tem dificuldade para compreender

≈ Táticas de relacionamento ≈

as pessoas do signo de Aquário com quem ela trabalha. Ela usa as palavras "abstrato" e "distância", palavras com que um virginiano não se dá muito bem, pois gostam de definições e detalhes, e de poder categorizar coisas e pessoas. E receio que não seja possível categorizar um aquariano. E aqui temos a crítica por não serem pessoas que demonstram o que sentem, algo muito importante para um signo de Terra, especialmente o contato tátil.

Aquarianos têm sentimentos? Eis um aquariano discutindo a questão:

> *"Não gosto quando as pessoas acusam os aquarianos de não serem emocionais – geralmente me sinto emotiva e tenho razoável empatia. Todos têm diversos planetas – eu, por exemplo, tenho Vênus em Peixes e Ascendente em Câncer".*

Para mim, se um aquariano tiver alguns planetas em signos de Água, será capaz de se emocionar, mas, sem eles, os aquarianos são quase tão cerebrais quanto o Sr. Spock de *Jornada nas Estrelas*. Eles ouvem o que você diz, compreende o que está dizendo, sorriem educadamente e tocam a vida.

Sua Mãe Aquariana

Se o seu signo for de Água (Câncer, Escorpião ou Peixes), pode ser difícil ter uma mãe aquariana.

Eis o que uma escorpiana fala de sua mãe aquariana:

≈ Como se relacionar com um Aquariano ≈

"Minha mãe é de Aquário. Sou de Escorpião. Dos quatro filhos, três têm Lua em Aquário. Meu irmão mais velho nos criou, minha mãe e meu pai se divorciaram quando éramos pequenos. Só vi meu pai uma vez, e minha mãe nunca estava disponível, física ou emocionalmente. Agora, ela vive solitária e isolada, mas ela foi molestada sexualmente, e parte de seu comportamento se deve a isso. Conversamos, mas não somos íntimas".

Não que sejam pessoas difíceis. Não são. Mas elas não entendem as emoções como os signos de Água. Elas amam as suas ideias, suas sugestões, o que você está fazendo, quem são seus amigos/seu cônjuge/namorado/flerte, mas isso é tudo. Não vão chorar com você quando seu cãozinho morrer, não vão enxugar suavemente suas lágrimas quando você estiver assistindo a um filme triste e certamente não vão compreender a sua tristeza, seu humor ou seus aborrecimentos. Mas como um signo de Água pode lidar com uma mãe aquariana?

Acredito que a melhor maneira de lidar com a situação é ter alguns bons amigos de confiança, para receber deles os afagos emocionais. Se a sua mãe tiver alguns planetas em Água, então você tem sorte, ainda mais se a Lua estiver num signo de Água. Se todos os planetas estiverem em Ar, aceite que ela parecerá distante, sem emoções, sem sentimentos e outras palavras – para ela, demonstrar isso é como pedir a um elefante que voe. Não vai acontecer nunca. Ah, estou ouvindo você dizer (porque você é de um signo sensível de Água) que Dumbo era um elefante, tinha orelhas grandes e podia voar... Sejamos realistas: para se relacionar com uma mãe aquariana, não dá para recorrer à fantasia. Na verdade, o antigo regente de Aquário era Saturno, o planeta da responsabilidade e de fazer as coisas

≈ Táticas de relacionamento ≈

da maneira mais difícil. Portanto, o aquariano tem esse aspecto. Seja como for, você está esperando que eu lhe diga como lidar com uma mãe aquariana...

Mude-se cedo. Saia de casa. Ela quer que você tenha sua independência, e por isso o fato de sair de casa não vai incomodá-la (a mãe de Câncer se incomodaria). Com efeito, seu relacionamento será bem melhor. More com um grupo de amigos ou alugue um quarto e saia de casa assim que puder.

Se o seu signo é de Terra, isso pode ser um pouco difícil. Eis uma capricorniana falando de sua mãe aquariana:

"Sou capricorniana; minha mãe é de Aquário e meu pai, de Áries. Minha mãe dominava a casa, mas nenhum dos dois era um progenitor típico. Meu pai trabalhava sempre até tarde, e por isso não participava dos eventos escolares. Minha mãe podia ir, mas nunca se interessou muito. Lembro-me de uma vez em que eu ia apresentar um programa na escola e quase não chegamos a tempo, e ela não deu nenhum valor ao meu papel na apresentação.
Tenho ainda uma tia e um tio aquarianos (irmãos dela). Todos têm opiniões formadas e não toleram outros pontos de vista. As opiniões sempre foram mais importantes do que os sentimentos. Esses dois nunca se casaram. Ele é sacerdote e ela é uma mulher de 70 anos praticamente sem amigos. É interessante observar que os três são muito apegados, embora não se entendam muito bem".

Eis outra capricorniana cuja mãe não cuidava dela do modo como ela desejava:

"Ela parecia muito distante de mim no nível emocional".

Bem, o que quer dizer isso? Ser distante no nível emocional? Os sentimentos podem ser muito sutis, e acho que são essas diferenças sutis que dão trabalho para os aquarianos. Eles lidam bem com "alegre" ou "triste", ou mesmo "zangado" ou "satisfeito", mas quando você fala de "ciumento" ou "possessivo" ou pior, "sentimental" ou "apaixonado", eles não sabem do que você está falando, e, se o seu signo for de Terra ou de Água, não vão se importar tanto quanto você.

As mães aquarianas são quase tão ruins quanto as piscianas no que diz respeito a não estar no planeta, mas, diferentemente da mãe pisciana, que está na "terra das fadas", a mãe aquariana está na "terra das ideias". É um lugar no qual vivem todas as mentes aquarianas, onde cogitam e ruminam, refletem e deliberam e costumam vagar em suas mentes, planejando, pensando, processando, tendo grandes opiniões e extensos resumos daquilo que lhes ocorreu naquele dia.

Eis a mulher de Capricórnio falando novamente de sua mãe aquariana: *Ela sempre esteve envolvida com clubes e organizações, e ninguém questionava qual compromisso tinha maior prioridade. Embora ela fosse indiferente à maioria de nossos assuntos cotidianos, tinha muitas fobias, e subitamente se envolvia em nossas atividades caso estas lhe interessassem".*

Perguntei a essa capricorniana o que ela esperava da mãe: *"[quando eu era criança] pedia sua opinião sobre a peça de piano que eu estava tocando, ou sobre a roupa que eu queria usar, ou para me acompanhar a um lugar, e tinha a impressão de que ela nunca se interessava por nada. Quando eu ficava aborrecida com alguma coisa na escola, ela nunca me consolava. Ela ficava muito interessada e preocupada com o que tinha acontecido, e perguntava os detalhes, quando, como, onde etc. Sempre analisava o problema e explicava sua possível causa, mas nunca me reconfortava com palavras de carinho".*

E não espere que sua mãe aquariana saiba como você está se sentindo. Ela não consegue. Só você sabe como está se sentindo. Essa mulher queria ser reconfortada com palavras carinhosas, mas sua mãe aquariana queria conhecer suas ideias, não os seus sentimentos. É nessa diferença que começam os problemas.

Se você é de Touro, a alimentação é muito importante. Comer, dormir, tocar, pele, alimento, cheiro, cozinhar, segurar, manter contato físico com você ou com suas coisas – isso é a vida. Aquarianos e os demais signos de Ar, quando estão lidando com uma ideia, podem passar sem comida, sem bebida e sem qualquer forma de sustento por um tempo considerável. Portanto, se você é de Touro e sua mãe é de Aquário, será necessário um lembrete sutil de que você precisa do café da manhã, do almoço ou do jantar. Você pode até ter de chegar ao ponto de colocar lembretes na geladeira sobre o horário das refeições ou, se você tiver jeito, aprenda a cozinhar desde cedo e prepare sua própria comida.

Se o seu signo é de Fogo ou de Ar, não se preocupe: sua mãe aquariana vai parecer uma deusa para você. Eis um homem de Leão que trabalha com *design* falando das habilidades de sua mãe aquariana como progenitora:

"Eu não mamei muito bem no peito. Tirando isso, ela é exuberante!"

Ela vai adorar seu entusiasmo, sua empolgação, a animação da busca, e vai apoiar todos os projetos ou ideias que você lhe mostrar. Como a comida ou coisas práticas não são o que realmente o empolga, não haverá conflitos e a vida será mais fácil.

Eis uma mãe aquariana falando de seu filho geminiano: *"Sou uma mãe de Aquário casada com um aquariano – somos do mesmo dia. Temos um filho de Gêmeos. Adoro desfrutar da liberdade e dar liberdade. Sou uma mãe de mente aberta que acredita firmemente na educação, na espiritualidade e no espírito do amor. Meu filho é inteligente, bondoso e sábio, e me espanta com suas palavras. Além do Sol em Gêmeos, ele tem Ascendente e Lua em Sagitário. Nós três nos damos muito bem, e, às vezes, nossa casa parece uma festa".*

Seu Pai Aquariano

Conheço alguns pais de Aquário. Novamente, devo dizer que não são maravilhosos para lidar com o lado prático da vida, a menos que tenham planetas ou Ascendente em signos de Terra, mas parecem saber a diferença entre emoção e intelecto. Não que *usem* sempre a emoção, mas sabem que ela existe.

Eis um pai aquariano num momento de autorreflexão, falando de seus filhos: *"Para mim, o maior desafio de ser pai é não ser rígido demais, alienando meus filhos como meu pai volta e meia fazia comigo. Quis ser para eles um pai mais bondoso ou gentil do que o que eu tive. É difícil encontrar o ponto médio, correto, entre ser severo demais ou frouxo demais. Devo admitir que, embora queira que meus filhos tenham a liberdade de decidir sozinhos, senti um grande baque quando meu filho de 18 anos me disse que estava pensando em ir morar sozinho. Tentei desestimulá-lo, pois receava que ele não quisesse fazer uma faculdade. Depois de perceber que ele estava decidido a seguir esse caminho, pude ajudá-lo a encontrar um apartamento de custo acessível, no qual ele mora hoje sem muitas restrições. Sim, quero que ele tenha sua própria vida, mas agora que ele tem e que parece não precisar tanto de mim, às vezes sinto pena de mim mesmo, como se tivesse perdido alguma coisa. Vejo-me até projetando qualidades nele por causa disso, e é claro que isso é totalmente inaceitável. Ele me ajudou a consertar meu carro neste fim de semana e eu lhe disse como me orgulhava dele. Com meu filho mais novo, gosto quando ele me pede para lhe ensinar coisas 'masculinas' como o manuseio do cortador de grama. Vejo-o querendo ser mais maduro, mais crescido, e tento estimular esse desenvolvimento sem pressioná-lo demais, pois isso virá naturalmente em breve.*

Não creio que eu seja do tipo 'pai do ano', mas espero ser um pai 'suficientemente bom'."

Dois músicos notáveis são aquarianos: Phil Collins e Robbie Williams, ambos com a Lua em Escorpião e ambos com problemas para se "estabelecer". Phil teve vários filhos com diferentes esposas, e, até agora, Robbie não se casou e nem teve filhos. É difícil encontrar um exemplo de pai aquariano, porque as palavras "acolhedor" e "reconfortante" não vêm à mente quando falamos de Aquário. Por isso, se o seu pai é de Aquário, lembre-se novamente do elemento do seu signo (Terra, Ar, Fogo, Água) e adapte-se a seu modo de pensar...

Uma coisa é certa: os pais aquarianos gostam de tudo que é diferente, computadorizado, capaz de ser conectado e elétrico.

Não se esqueça de que agora Aquário é "regido" por Urano e Urano rege computadores, eletricidade e coisas que acontecem subitamente, sem aviso.

Se você quer ficar do lado certo de seu pai aquariano, empreste-lhe seu iPod, seu MacBook Air ou qualquer coisa digital, e ele vai amá-lo para sempre!

Agora, falando sério – você vai ter dificuldades se o seu signo for de Água (veja o que falei anteriormente sobre a mãe de Aquário), mas nem tudo estará perdido se você se lembrar de que ele não será tão emotivo quanto você.

Seus Irmãos de Aquário

Se o seu irmão ou irmã é de Aquário, não entre em pânico. Não conheci muitas pessoas que reclamassem de irmãos aquarianos. Entretanto, como já disse, leve em consideração o seu próprio signo estelar.

Os signos de Fogo e de Ar se entendem melhor com a energia de Aquário. Eles se misturam bem. O problema aparece quando você é de algum signo de Terra ou de Água.

Vamos voltar aos fóruns e descobrir quem se entende com quem e os problemas que acontecem.

Eis uma moça de Peixes falando de sua irmã de Aquário:

"Eu realmente acredito que os aquarianos têm sentimentos, mas eles são reservados demais para demonstrá-los. A maluca da minha irmã de Aquário consegue fazer os comentários mais horrorosos sobre as pessoas e rir, mas eu fico pensando 'Puxa, você é tão maldosa que deveria levar uma surra', e rio um pouco. Acho que

muitos aquarianos não se sentem bem quando demonstram suas emoções. Mas eles têm emoções como todo mundo".

Ela admite que os aquarianos "têm emoções como todo mundo", mas o problema é "não demonstrarem" essas emoções. Assim, se seu irmão ou sua irmã forem de Aquário, não espere demonstrações emocionais como as suas. Você também precisa levar em conta o conceito que um "bom" relacionamento tem para os outros, ou até mesmo para você.

Há milhões de preferências diferentes. Alguns gostam de ter seu próprio espaço. Virginia Woolf falou disso detalhadamente em *A Room of One's Own*. Ela admitiu que não era possível escrever a menos que tivesse seu próprio quarto... e uma renda... Hmmm, então, quando dei uma olhada nos mapas de pessoas que ela usava como referência, como Emily Brontë, vejo que esta era de Leão, e Jane Austen era de Sagitário, dois signos fortes de Fogo e menos propensos a permitir que os outros atrapalhassem o seu caminho.

Se olharmos a dinâmica familiar, a energia aquariana age melhor quando o irmão tem certa idade, pois a energia da criança aquariana lida com aquilo que é interessante, e não com o que é comovente ou pueril.

Vamos voltar às palavras-chave de Aquário: sociável, comunicativo, altruísta, progressista, independente, racional, desapegado, excêntrico, dogmático, errático e esquisito.

Quando você leu essas palavras, alguma vez a palavra "criança" veio à mente? Creio que não.

Assim, para lidar com seu irmão ou sua irmã de Aquário, eis as minhas sugestões de fácil uso:

꩜ Como se relacionar com um Aquariano ꩜

Não lhes diga o que fazer...
Não lhes diga o que pensar...
Não "roube" os amigos deles (este é um pecado quase imperdoável aos olhos deles)
Interesse-se por aquilo que eles estão fazendo, pensando, planejando
Seja honesto ao falar do que sente
Mantenha abertas as linhas de comunicação, mas não abuse de sua presença, eles precisam do espaço deles.

Espero que você tenha gostado de aprender um pouco mais sobre Astrologia e um pouco sobre o signo estelar de Aquário.

Gostaria de citar mais uma vez uma senhora de Aquário de que falei: *"Espero que eu esteja me mantendo no mesmo curso de vida – sendo útil, interessada, envolvida mas não em excesso, embora isso nenhum de nós saiba dizer".*

Espero que o livro ajude-o a compreender um pouco melhor o penúltimo signo do Zodíaco. Se precisar de mais informações, por favor, visite meu website (em inglês): www.maryenglish.com.

Estas palavras estão sendo escritas enquanto a Lua está em Aquário, em meu escritório em Bath, a cidade de fontes termais no sudoeste da Inglaterra. Sou de Peixes. Estou feliz com meu trabalho, com meu filho, com meu adorável marido e com minha família. Sei que a vida é feita de coisas boas e más, e decidi, não faz muito tempo, me concentrar no que é bom. Há uma vela queimando ao meu lado e estou imaginando que ela está queimando para ajudá-lo também a focalizar o que é bom. Se todos nós nos compreendermos um pouco mais, talvez nos tornemos melhores. Desejo a você toda a paz do mundo... e felicidade também.

≈ Notas ≈

1. *A Room of One's Own*, de Virginia Woolf, publicado em 2008, Oxford University Press, Oxford OX2 6DP.
2. *The Dawn of Astrology: A Cultural History of Western Astrology*, de Nicholas Campion, publicado em 2008, Hambledon Continuum, Londres SE1 7NX.
3. *The Instant Astrologer*, de Felix Lyle e Bryan Aspland, 1998, Judy Piatkus, Londres.
4. *The Gods of Change: Pain Crisis and the Transits of Uranus, Neptune and Pluto*, de Howard Sasportas, publicado em 1989, Arkana, Penguin, Londres W8, Inglaterra.
5. *Soul Mates: Honouring the Mysteries of Love and Relationship*, de Thomas Moore, publicado em 1999, Harper Collins, Nova York.
6. *Hands Across Time: The Soul Mate Enigma*, de Judy Hall, 1997, Findhorn Press, Forres, Escócia, www.judyhall.co.uk.
7. Poema gentilmente cedido por Lucy English, www.lucyenglish.com.
8. *Cunningham's Encyclopedia of Crystal, Gem and Metal Magic*, de Scott Cunningham, publicado em 1998, Llewellyn Publications, EUA.

∿ Informações adicionais ∿

Leituras Adicionais

Alive and Well with Uranus, de Bil Tierney, 1999, Llewellyn, St Paul, EUA.

The Modern Text Book of Astrology, de Margaret E. Hone, 1980, LN Fowler Ltd, Romford, Essex, RU.

Alive and Well with Uranus: Transits of Self Awareness, de Bill Tierney, 1999, Llewellyn Publications, St. Paul, MN, EUA.

An Astrological Study of the Bach Flower Remedies, de Peter Damian, 1997, publicado por Neville Spearman Publishers/CW Daniel Company Ltd, 1 Church Path, Saffron Walden, Essex CB10 1JP.

Astrological Crosses in Relationships, de Pauline Edwards, 2002, Llewellyn Publications, PO Box 64383, St Paul, MN, EUA, www.llewellyn.com.

Astrology for Dummies, 1999, IDG Books Worldwide, Inc, CA 94404.

Informações e Recursos

The Bach Centre, The Dr. Edward Bach Centre, Mount Vernon, Bakers Lane, Brightwell-cum-Sotwell, Oxon, OX10 OPZ, RU, www.bachcentre.com.

Emotional Freedom Technique [Técnica de Libertação Emocional]: www.emofree.com.

Site ético de namoro: www.natural-friends.com.

Comunidade espiritual no norte da Escócia: www.findhorn.org.

William Herschel Museum of Astronomy em Bath: 19 New King Street, Bath, BA1 2BL, Inglaterra. Tel: 01225 446 865, www.williamherschel.org.uk.

Informações sobre Mapas Astrológicos

The Astrological Association: www.astrologicalassociation.com

Dados astrológicos de nascimento obtidos no astro-databank, em www.astro.com e www.astrotheme.com.

Robbie Williams, 13-2-1974, Stoke-on-Trent, 15h10, Ascendente em Leão, Sol na sétima casa, Lua em Escorpião.

Phil Collins, 30-1-1951, Chiswick, Londres, 0h05, Ascendente em Libra, Sol na quarta casa, Lua em Escorpião.

Marion D. March, 10-2-1923, Nuremberg, Alemanha, 3h46, Ascendente em Sagitário, Sol na terceira casa, Lua em Sagitário.

Joan McEvers, 7-2-1925, Chicago IL, EUA, 6h34, Ascendente em Aquário, Sol na primeira casa, Lua em Leão.

Oprah Winfrey, 29-1-1954, Kosciusko MS, EUA, 4h30, Ascendente em Sagitário, Sol na segunda casa, Lua em Sagitário.

≋ Informações adicionais ≋

Paul Newman, 26-1-1925, Cleveland OH, EUA, 6h30, Ascendente em Capricórnio, Sol na primeira casa, Lua em Peixes.

Paris Hilton, 17-2-1981, Nova York, NY, EUA, 2h30, Ascendente em Sagitário, Sol na terceira casa, Lua em Leão.

James Joyce, 2-2-1882, Dublin, Irlanda, 6h24, Ascendente em Capricórnio, Sol na segunda casa, Lua em Leão.

Abraham Lincoln, 12-2-1809, 6h54, Hodgenville, KY, EUA, Ascendente em Aquário, Sol na primeira casa, Lua em Capricórnio.

Charles Darwin, 12-2-1809, Shrewsbury, Inglaterra, 3h00, Ascendente em Sagitário, Sol na terceira casa, Lua em Capricórnio.

Germaine Greer, 29-1-1939, Melbourne, Austrália, 6h00, Ascendente em Aquário, Sol na décima segunda casa, Lua em Touro.

Jacqueline du Pré, 26-1-1945, Oxford, Inglaterra, 11h30, Ascendente em Áries, Sol na décima casa, Lua em Câncer.

Mia Farrow, 9-2-1945, Los Angeles, Califórnia, USA, 11h27, Ascendente em Touro, Sol na décima casa, Lua em Capricórnio.*

Virginia Woolf, 25-1-1892, Londres, Inglaterra, 12h15, Ascendente em Gêmeos, Sol na décima casa, Lua em Áries.

Plácido Domingo, 21-1-1941, Madri, Espanha, 22h00, Ascendente em Virgem, Sol na quinta casa, Lua em Escorpião.

Mike Farrell, 06-2-1939, St. Paul MN, EUA, 8h40, Ascendente em Peixes, Sol na décima segunda casa, Lua em Virgem.

---

* O texto original não menciona o Ascendente e nem a casa do Sol; além disso, o signo lunar foi indicado como Touro, quando na verdade é Capricórnio, conforme o próprio site mencionado pela autora. (N. do T.)

～ Como se relacionar com um Aquariano ～

W. Somerset Maugham, 25-1-1874, Paris, França, sem horário preciso, Lua em Touro.*

Charlotte Rampling, 05-2-1946, Haverhill, Inglaterra, sem horário preciso, Lua em Peixes.

Yoko Ono, 18-2-1933, Tóquio, Japão, 20h30, Ascendente em Libra, Sol na quinta casa, Lua em Sagitário.

Jack Nicklaus, 21-1-1940, Columbus, OH, EUA, 3h10, Ascendente em Escorpião, Sol na terceira casa, Lua em Gêmeos.

Vanessa Redgrave, 30-1-1937, Blackheath, RU, 18h00, Ascendente em Leão, Sol na sexta casa, Lua em Virgem.

Roberta Flack, 10-2-1937, Black Mountain NC, EUA, 6h30, Ascendente em Aquário, Sol na primeira casa, Lua em Aquário.

Nolan Ryan, 31-1-1947, Refugio TX, EUA, 9h45, Ascendente em Peixes, Sol na décima primeira casa, Lua em Gêmeos.

Jean English (minha mãe), 16-2-1921, Shrewsbury, GB, 11h00, Ascendente em Gêmeos, Sol na nona casa, Lua em Gêmeos.

Barbara Gibbings (minha tia), 27-1-1917, Hampshire, 2h00, Ascendente em Escorpião, Sol na terceira casa, Lua em Peixes.

Os locais de nascimento dos clientes foram omitidos para manter a confidencialidade.

Cliente A, mulher, 29-1-1965, 12h30, RU, Ascendente em Escorpião, Sol na quarta casa, Lua em Sagitário.

Cliente B, mulher, 23-1-1959, 12h30, RU, Ascendente em Libra, Sol na quarta casa, Lua em Câncer.

---

* Especula-se que ele tenha nascido às 9h21, o que lhe daria Ascendente em Peixes e Sol na décima primeira casa. (N. do T.)

≋ Informações adicionais ≋

Cliente C, mulher, 25-1-1964, 15h55, RU, Ascendente em Câncer, Sol na sétima casa, Lua em Gêmeos.

Cliente D, mulher, 07-2-1959, 21h35, RU, Ascendente em Libra, Sol na quinta casa, Lua em Aquário.

Cliente E, mulher, 24-1-1973, 3h00, RU, Ascendente em Escorpião, Sol na terceira casa, Lua em Libra.

Cliente F, homem, 16-2-1970, 21h05, RU, Ascendente em Virgem, Sol na sexta casa, Lua em Câncer.

Cliente G, mulher, 10-2-1977, 6h00, RU, Ascendente em Capricórnio, Sol na segunda casa, Lua em Escorpião.

PRÓXIMOS LANÇAMENTOS

Para receber informações sobre os lançamentos da
Editora Pensamento, basta cadastrar-se no site:
www.editorapensamento.com.br

Para enviar seus comentários sobre este livro,
visite o site
www.editorapensamento.com.br
ou mande um e-mail para
atendimento@editorapensamento.com.br